DE LA
RESPONSABILITÉ DÉCENNALE
DES CONSTRUCTEURS

PAR

ÉMILE GUILLOT, I. ☙
ARCHITECTE
Ancien expert pres les Tribunaux

PARIS
H. DUNOD et E. PINAT, ÉDITEURS
47 et 49, Quai des Grands-Augustins

1912

DE LA

RESPONSABILITÉ DÉCENNALE

DES CONSTRUCTEURS

DE LA

RESPONSABILITÉ DÉCENNALE

DES CONSTRUCTEURS

PAR

ÉMILE GUILLOT, I. ◊

ARCHITECTE

Ancien expert près les Tribunaux

———

PARIS

H. DUNOD ET E. PINAT, ÉDITEURS

47 et 49, Quai des Grands-Augustins

—

1912

DE LA

RESPONSABILITÉ DÉCENNALE

DES CONSTRUCTEURS

PRÉAMBULE

Cette question est une de celles qui ont le plus suscité de discussions juridiques et de jugements contradictoires, non seulement entre les juridictions différentes, mais aussi au sein des tribunaux de même ordre et pour des espèces absolument semblables.

De nombreux ouvrages ont d'ailleurs été écrits sur cette matière dont le thème semble inépuisable, tant il est complexe et se prête à de longs commentaires.

Nous nous bornerons, dans cette étude sommaire, à examiner la question à un point de vue essentiellement professionnel, en nous abstenant, le plus possible, de pénétrer dans les arcanes des savantes dissertations juridiques où les hommes de loi ne sont pas toujours d'accord avec la logique et l'équité ; et cela, pour la raison que ces légistes subtils ignorent souvent ou feignent d'ignorer le véritable architecte moderne.

Aussi, ce qui frappe tout d'abord l'esprit, lorsqu'on étudie cette intéressante question de la responsabilité des architectes et des entrepreneurs, c'est la pénible situation qui leur est faite par la jurisprudence. L'architecte, surtout, est traité par elle sans aucun ménagement et, en général, fort injustement ; car elle en fait un véritable *bouc émissaire* qu'elle charge non seulement de ses propres fautes, mais encore de celles des autres. Il est vrai qu'il arrive parfois aux entrepreneurs la même mésaventure.

Il appartient aux architectes de lutter énergiquement contre ce fâcheux état de choses qui nuit gravement à leur considération et à leurs intérêts quand il ne les compromet pas complètement, et constitue pour eux, comme on l'a dit, une menace permanente, une nouvelle épée de Damoclès, suspendue sur leurs têtes et sur celles de leurs enfants.

L'architecte vraiment digne de ce nom ne se dérobe devant aucune des innombrables causes de responsabilité de sa difficile profession ; il tient même à les revendiquer hautement, ne voulant pas qu'elles en atteignent d'autres. Mais, en revanche, n'a-t-il pas le droit d'exiger la réciprocité de traitement et de ne pas être rendu responsable de fautes qui résultent de faits auxquels il est resté absolument étranger, comme cela se voit si fréquemment ?

Voici d'ailleurs ce que disait Charles Garnier, l'éminent architecte de l'Opéra, de cette situation faite à l'architecte :

«... C'est une lugubre destinée que de s'endormir chaque soir en se demandant avec effroi qui, dans la journée, a fait une sottise que l'on doit endosser ; demande bien inutile pourtant, puisque ce sont les sottises de tous qui doivent nous incomber et que nous n'avons pas de choix à faire.

« Le maçon gâche mal son plâtre, le serrurier oublie de poser ses rivets, les ouvriers se mettent en grève et font monter les prix de série, et le client qui a plus confiance en son fournisseur qu'en nous-mêmes, bouleverse nos projets pour faire mettre un papier vert pomme que lui recommande cet industriel ; alors, comme c'est laid, c'est notre faute. C'est charmant ! ... »

Il est certain que, sous cette forme très humoristique, cet habile praticien a dépeint exactement certains points de vue de la question.

Nos juges voient généralement, dans l'architecte, l'auteur de l'œuvre complète qu'ils rendent pleinement responsable, enchaînant ainsi, au mépris de toute logique, les trois opérations, pourtant très distinctes, qui constituent son rôle professionnel :

1° L'établissement du plan et la rédaction des devis ;

2° La surveillance des travaux ;

3° Le règlement des comptes.

Alors que ces trois opérations sont si différentes l'une de l'autre et impliquent déjà, par elles-mêmes, tant de causes de difficultés, pour l'architecte, en dehors du rôle important qu'y joue l'entrepreneur, au moins dans deux d'entre elles.

On peut dire, sans crainte de se tromper, que, d'une manière générale, les juges ont mal compris la nature exacte de ces trois phases de la vie professionnelle de l'architecte et ont vainement cherché dans les textes plus ou moins incomplets d'une loi trop vieille, une solution qu'ils ne pouvaient trouver que dans l'étude des éléments et des circonstances de chaque cause.

C'est ainsi que, de proche en proche, s'est établie la fâcheuse, autant qu'injuste jurisprudence actuelle, en vertu de laquelle un architecte ne peut éviter une condamnation. On pourrait appeler cela *le régime de l'arbitraire*.

C'est aussi l'avis de quelques juristes, trop rares, malheureusement ; et voici ce qu'écrivait l'an dernier, l'un d'eux, M. Frank, dans sa remarquable thèse de doctorat:

« ... Des décisions innombrables ont tranché des procès : mais pas plus la jurisprudence que la doctrine n'est arrivée à édifier une théorie présentant assez de netteté et de solidité pour former un système complet.

« C'est que la loi n'a pas posé les bases indispensables et que l'œuvre à laquelle trop de mains ont coopéré, sans direction initiale, manque de cohésion.

« Plus d'un siècle après la rédaction du code, la responsabilité des constructeurs n'offre pas de limites précises : aussi s'étend-elle parfois démesurément et se traduit-elle par des condamnations injustifiées. »

Certainement la loi est ici absolument insuffisante ; D'une part, le droit commun ne peut généralement pas être appliqué à des cas professionnels tout particuliers, pour lesquels il n'a pas été fait ; d'autre part, les quelques articles du code visant les constructeurs sont beaucoup trop incomplets pour fournir des solutions équitables aux difficiles et complexes problèmes qui naissent chaque jour dans le bâtiment.

Vouloir généraliser, c'est faire œuvre profondément mauvaise et injuste. Ce qu'il faut, le seul remède efficace à la situation actuelle, c'est une refonte du code, c'est la création d'un *organisme nouveau* répondant bien à la fonction, distinguant avec soin le rôle de l'architecte, dans ses diverses manifestations, de celui de l'entrepreneur et ne permettant plus, comme aujourd'hui, la confusion de l'un avec l'autre !

CHAPITRE I

LES CONSTRUCTEURS ET LA LOI

I

Articles visant les constructeurs

Deux articles de notre Code civil visent particulièrement les constructeurs (architectes et entrepreneurs), ce sont les suivants :

Art. 1792. — *Si l'édifice, construit à prix fait, périt en tout ou en partie par le vice de la construction, même par le vice du sol, les architectes et entrepreneurs en sont responsables pendant dix ans.*

Art. 2270. — *Après dix ans, l'architecte et les entrepreneurs sont déchargés de la garantie des gros ouvrages qu'ils ont faits ou dirigés.*

On doit se demander dans quelle mesure ces articles peuvent viser et atteindre les constructeurs et quelle est la part de responsabilité faite respectivement à l'architecte et à l'entrepreneur, puisqu'ils ne contiennent rien de précis à cet égard.

Pour cela, il importe d'abord de bien déterminer le rôle de chacun d'eux, rôle que le législateur a voulu voir très simple (notamment celui de l'architecte), alors qu'il en est tout autrement. Et c'est là évidemment le point de départ de l'erreur juridique qui n'a cessé de s'appesantir sur les constructeurs.

II

Rôle de l'architecte

Ce n'est pas seulement de nos jours, que l'architecte a acquis une importance professionnelle considérable.

Du temps de Vitruve, l'architecture était déjà fort en honneur, et il nous apprend que les Grecs qui se destinaient à cet art devaient posséder, avec de nombreuses dispositions naturelles, un grand amour du travail et les connaissances les plus variées, car ils devaient être, à la fois : artistes inspirés, habiles dessinateurs, savants géomètres, très versés dans les sciences mathématiques et physiques, et, en outre, suffisamment instruits d'histoire, de médecine, de musique et de jurisprudence !..

On admettra, sans difficulté, qu'on peut être un excellent architecte sans être un érudit dans les arts, les sciences et les lettres, ce qui serait excessif ; et qu'il est douteux, que, même chez les anciens Grecs ou chez les Romains, contemporains de Vitruve, il se soit trouvé beaucoup d'architectes dotés d'un savoir aussi profond.

Néanmoins, il faut reconnaître qu'aucune autre profession n'exige plus de talents et plus d'études, car elle embrasse la généralité des choses.

Il semble d'ailleurs indispensable que l'architecte réunisse un certain nombre de qualités essentielles, s'il veut remplir dignement tous les devoirs de sa profession ; il devra notamment être : suffisamment *lettré* pour la rédaction des devis, cahiers des charges et rapports ;

artiste et par conséquent bon dessinateur, homme d'imagination et de goût pour la conception et la présentation des projets ; *praticien* pour l'étude approfondie des matériaux et leur mise en œuvre, suivant les lois de la physique, de la mécanique et de l'hygiène ; *mathématicien* pour le calcul des forces et des résistances de la matière, des bonnes répartitions des charges et des poussées, aussi bien que pour le règlement des comptes des entrepreneurs.

A ces qualités de premier ordre, l'architecte ne devra-t-il pas encore ajouter celles de l'avocat et du diplomate pour l'étude des lois et règlements si nombreux, qui régissent la propriété et discuter, avec les tiers, les intérêts du propriétaire ou ceux des municipalités, notamment en matière d'expertise.

Enfin, son caractère principal, aux yeux de tous, sera celui d'un chef, suivant l'étymologie même du mot « architecte » qui signifie *chef-ouvrier*. C'est ainsi, d'ailleurs, que le comprenaient les hommes du moyen âge qui l'appelaient le *Maistre de l'œuvre*, mots qui expriment très exactement le rôle complexe de l'architecte.

Nous verrons, un peu plus loin, au cours de cette rapide étude, que toutes ces considérations ont un intérêt au point de vue strictement juridique.

Quant à la pratique de la profession d'architecte, nous savons en quoi elle consiste de nos jours, et on peut grouper ses multiples opérations en quatre phases principales :

1° *Etablissement d'un avant-projet*, lequel comprend d'ordinaire : une étude sommaire des plans, une esquisse de la façade principale, un devis estimatif sommaire ;

2° *Etude définitive et établissement du projet* : dessin des plans, façades et coupes à grande échelle ; rédaction des devis et cahiers des charges;

3° Surveillance des travaux ;

4° Enfin, règlement des comptes des entrepreneurs.

Pour l'ensemble de ces opérations, ou l'une quelconque d'entre elles, l'architecte reçoit du propriétaire (s'il s'agit de travaux privés) ou de la municipalité (s'il s'agit de travaux publics), des honoraires calculés à raison d'un taux faisant l'objet d'une convention spéciale, entre les intéressés, taux qui lui-même donne lieu à des difficultés innombrables, parce qu'il ne s'appuie sur aucun tarif officiel précis.

Ajoutons encore que, dans aucun cas, l'architecte moderne n'a des intérêts communs avec l'entrepreneur. Il défend même les intérêts du propriétaire, qui sont diamétralement opposés à ceux de l'entrepreneur.

En réalité donc, l'architecte et l'entrepreneur sont des *antagonistes*.

III

Rôle de l'entrepreneur

Bien différent, en effet, à tous égards, est le rôle de l'entrepreneur ; et il est surprenant que, si souvent, les tribunaux les aient confondus ou si mal interprétés dans les considérants de leurs jugements.

En fait, l'entrepreneur ne prend aucune part à l'élaboration des plans et n'est pas consulté sur le choix de l'emplacement à bâtir ; il reçoit de l'architecte, sous forme de plans, dessins et devis, des documents très précis, qu'il s'engage, par convention spéciale (cahier des charges, soumission ou marché), à observer en tous points: il reçoit en outre de celui-ci des ordres verbaux sur le chantier même, ordres auxquels il est tenu également de se conformer.

En un mot, *l'entrepreneur est le bras qui exécute et l'architecte est la tête qui conçoit et qui commande.*

Dans ces conditions, qui sont normalement les seules vraies, on n'aperçoit aucunement *a priori* la responsabilité de l'entrepreneur mise en cause, s'il se conforme exactement aux ordres de toute nature qu'il reçoit de l'architecte ; s'il fournit tous les matériaux de l'espèce indiquée ; s'il les met en œuvre suivant les règles de l'art ; enfin s'il les façonne convenablement et conformément aux dessins et profils du projet.

Sa responsabilité ne doit, semble-t-il, apparaître qu'au moment où il déroge à cette tâche qui est la sienne propre, c'est-à-dire lorsqu'il donne naissance à ce qu'on nomme des *vices de construction.*

Cependant les tribunaux ont, maintes fois, considéré la responsabilité de l'entrepreneur, engagée en matière de *vices du sol* et de *vices du plan,* comme nous le verrons plus loin.

L'architecte étant seul chargé de faire l'étude préalable du sol et de prendre, si ce dernier est défectueux, tous moyens utiles pour obvier à ce gros inconvénient ; de même que l'architecte faisant seul l'étude du plan, on est tout d'abord surpris de constater que l'entrepreneur peut être rendu partiellement responsable d'une erreur ou d'une omission faite audit plan ; en un mot, d'une faute commise par son chef, et uniquement par lui.

Car, tout au plus, semble-t-il, pourrait-on alors reprocher à l'entrepreneur son silence, en présence de faits que ses connaissances professionnelles ne lui permettraient pas de ne pas voir.

Pratiquement, en effet, le rôle de l'entrepreneur de travaux publics ou privés comprend les phases suivantes :

1° Il s'engage par une pièce nommée *soumission* (s'il s'agit d'une adjudication de travaux publics), ou par un *marché* (s'il s'agit d'une affaire particulière), à exécuter un travail déterminé suivant les plans et devis et conformément aux ordres de l'architecte, moyennant un prix, soit *à forfait*, soit *unitaire* ou en *régie* ;

2° Il s'approvisionne des matériaux nécessaires, les fait façonner et mettre en œuvre sous la direction constante de l'architecte ;

3° Il fournit le *décompte* ou *mémoire* de ses travaux, si sa base de paiement repose sur des prix unitaires ou en régie ; mais si, au contraire, il a traité à forfait, il ne fournit qu'un mémoire des travaux supplémentaires, à l'architecte, qui en fait le règlement.

Le cas d'une entreprise de bâtiment *à forfait*, en dehors de l'intervention d'un architecte, n'est pas ici envisagée, car il va de soi, qu'en ce dernier cas, l'entrepreneur prendrait à sa charge une partie de la responsabilité qui incombe d'ordinaire à l'architecte, pendant que le propriétaire qui aurait imposé ses plans ou des plans quelconques, resterait responsable pour le surplus : ce dont nous reparlerons, d'ailleurs.

IV

A qui s'applique l'article 1792

Après l'exposé des rôles respectifs de l'architecte et de l'entrepreneur, tels qu'ils sont de nos jours, on peut se demander si l'article 1792, reproduit plus haut, s'applique aussi bien à l'architecte qu'à l'entrepreneur ; car, pour ce dernier, le doute n'existe pas, bien que les mots *à prix fait* engendrent encore une équivoque.

Certains auteurs soutiennent la thèse suivante :

Le législateur de l'an 1800 qui rédigea l'article 1792 établit une confusion entre l'*architecte-artiste* tel qu'il est de nos jours et l'*architecte-entrepreneur* tel qu'il existait communément à cette époque, alors que le premier n'était qu'une exception et ne se rencontrait guère que parmi les architectes officiels, c'est-à-dire ceux qui étaient chargés par l'administration supérieure de la construction des édifices publics et de la surveillance des travaux d'entretien de ces derniers.

A l'appui de cette thèse, on cite notamment l'architecte Louis, l'auteur de trois théâtres remarquables (l'ancien Français, l'ancien Opéra et le Grand-Théâtre de Bordeaux), comme s'étant qualifié du titre d'architecte-entrepreneur.

Ce n'est qu'au cours de la première moitié du xix° siècle que la scission s'effectua nettement : les architectes, qui constituaient l'élite de leur profession ne firent plus d'entreprises et se consacrèrent uniquement au rôle que nous connaissons ; les autres architectes, qui représentaient au début la grande majorité de ceux de la province, conservèrent le titre d'architectes-entrepreneurs.

D'ailleurs, il en existe même encore aujourd'hui, dans les petites villes, où ces industriels entreprennent à forfait des constructions, faisant à la fois les plans et devis et exécutant l'œuvre de l'entrepreneur général.

D'autre part, si les architectes ont renoncé au titre d'entrepreneurs, ceux-ci, ou leurs commis, se sont souvent (en province) affublés occasionnellement de celui d'architectes, afin de créer à leur profit une confusion dans l'esprit public.

Ce serait cette confusion qui aurait, dans une certaine mesure, influencé les rédacteurs du Code : d'où cet article 1792 dont le texte prête tant à discussion et semble bien, en effet, viser tout particulièrement l'entrepreneur seul ou l'architecte-entrepreneur et non l'architecte tel que l'a défini la *Société centrale*, dans les termes suivants :

... « L'artiste qui conçoit les projets, rédige les cahiers des charges, les devis, les marchés, ordonne les travaux aux lieu et place du propriétaire, en surveille l'exécution et en règle les prix, en restant étranger aux transactions commerciales auxquelles donnent lieu la construction de l'édifice. »

Au surplus, l'article 1792 dit formellement : « *Si l'édifice, construit à prix fait, périt...* » et cette phase ne peut évidemment viser l'architecte-artiste, mais bien l'entrepreneur-constructeur.

Telle fut aussi, un jour, l'opinion de la Cour de Cassation, qui motiva ainsi son arrêt du 12 novembre 1844 :

« La Cour.

« Sur le moyen tiré de la violation de l'article 1792 :

« Attendu que cet article qui rend les architectes responsables pendant dix ans des édifices qu'ils font construire *ne se rapporte qu'aux édifices construits à prix fait ;*

« Qu'il suit de là que, quand les édifices n'ont pas été construits *à prix fait, par des architectes,* cet article est inapplicable ;

« Attendu, en fait, que, dans l'espèce, les sieurs M. et M. n'ont pas construit, à prix fait, l'église de Saint-Germain ; qu'au contraire, elle l'a été par des entrepreneurs dont l'arrêt attaqué a reconnu la responsabilité et qu'il a condamnés en conséquence ; que, par conséquent, cet arrêt, au lieu de violer l'article 1792, en a fait une juste application ;

« Rejette. »

Cet arrêt semble mettre au point la question.

Cependant, la logique apparente de cette thèse est fortement combattue par les juristes, avec des arguments parfois assez positifs.

Tout d'abord, ils allèguent que l'architecte-artiste existait depuis longtemps, en France, lorsque fut rédigé le code, puisque la distinction entre l'architecte proprement dit et l'entrepreneur remonte à l'époque de Louis XIII et que c'est sous Louis XIV qu'apparurent d'éminents architectes, officiellement chargés de nos grands édifices publics ; entre autres, Perraud, que l'on cite, en outre, comme médecin, mais non comme entrepreneur.

En 1691, l'architecte était ainsi défini par *Furetière :*

« Celui qui sait l'art de bâtir ; celui qui donne les plans et les dessins d'un bâtiment, qui en conduit l'ouvrage et qui commande aux maçons et autres ouvriers travaillant sous lui »...

D'autre part, ce même auteur définit ainsi l'entrepreneur :

...« Celui qui entreprend, qui se charge de la construction et de la conduite d'un bâtiment ou de quelque ouvrage. Il se dit premièrement des architectes *qui entreprennent des bâtiments à forfait...* »

Néanmoins, la dernière partie de cette définition prouve que la confusion des rôles de l'architecte et de l'entrepreneur n'existait que lorsque le premier faisait de l'entreprise générale comme c'était fréquent à cette époque ; autrement l'architecte restait uniquement le directeur intellectuel de l'œuvre.

En 1728, Richelet, dans son dictionnaire, dit simplement au mot : « architecte » :

— « Celui qui donne le dessin des ouvrages d'architecture. »

En 1759, le *Dictionnaire du Commerce* reproduisait la définition ci-dessus, de Furetière, et ajoutait :

…« Quoiqu'il y ait beaucoup de différence entre l'architecte et le maître-maçon, l'un exerçant *un art libéral*, l'autre seulement *un métier*, on les confond souvent ensemble, à cause que les uns et les autres peuvent être également reçus parmi les architectes experts jurés du roi ».

La distinction est subtile, comme on voit.

En réalité, la confusion provient, répétons-le, de ce qu'à cette époque, il n'y avait pas d'architectes proprement dits, dans la plupart des petites villes.

D'ailleurs, cela est officiellement constaté par la remarque suivante, faite au *Tribunat*, à l'occasion précisément de la discussion de l'article 2270 (qui vise comme on l'a vu plus haut, la décharge de la garantie décennale) :

… « Il y a beaucoup de lieux en France où le mot « architecte » est à peine connu et où le mot « entrepreneur » est le seul usité, comme *équivalent de celui d'architecte* ».

Donc les rédacteurs du Code n'ignoraient pas cette situation.

Mais devaient-ils inscrire seulement le terme « entrepreneur », en sous-entendant « architecte » ? ou devaient-ils mentionner chacun d'eux, afin de laisser, à ceux qui ne connaissaient que les entrepreneurs, le soin de prendre dans la loi, ce qui se rapportait à leur cas ?

Ce fut cette dernière solution, considérée comme la plus logique, que les législateurs adoptèrent :

Néanmoins ils eurent soin de bien séparer les mots architecte et entrepreneurs, dans les trois articles qui s'y rapportent : 1792, 1793 et 2270.

Enfin, certains juristes trouvent une autre preuve que la distinction de ces termes existait bien alors, dans ce fait qu'à la date du 12 pluviôse, an VIII, le Conseil des Bâtiments civils, émit un avis relatif à la fixation des honoraires des « architectes »; c'est-à-dire des architectes-artistes :

« On doit donc admettre, ajoutent-ils, avec la majorité des auteurs, que la situation des architectes est régie par les articles ci-dessus ».

En acceptant cette thèse, on considérerait que les termes de la loi étant très vagues, permettraient les interprétations les plus variées, pouvant répondre à tous les cas.

Ce serait une simple question d'interprétation de ces articles par les juges.

Et c'est ainsi, au surplus, que l'admet la jurisprudence.

Malheureusement, cette large facilité d'appréciation personnelle, laissée aux juges par la loi elle-même, a été la cause d'innombrables erreurs, grâce aux savantes dissertations et aux sophismes qui ont dénaturé l'état des choses; ce qui seul peut expliquer que certains arrêts vraiment iniques aient pu trouver en appel et jusqu'en Cour de Cassation, des juges pour les confirmer.

V

L'article 1792 établit-il une présomption ?

Autre question :

En cas de marché à forfait, si l'édifice périt en tout ou en partie, l'article 1792 établit-il une présomption de faute contre le constructeur ?

Trois opinions sont émises :

1° *Il y a présomption de faute*, parce qu'il est inadmissible qu'une construction périsse dans les dix ans de son édification, sinon par un cas de force majeure (tremblement de terre, inondation, incendie, etc...) *où par vice de construction ;*

Suivant un arrêt de la Cour de Cassation du 24 novembre 1875, la présomption de faute établie contre les constructeurs par l'article 1792, n'existerait qu'à une double condition : 1° que la construction ait été faite à forfait ; 2° qu'il y ait eu perte totale ou partielle de l'œuvre.

Si l'une de ces deux conditions fait défaut, c'est l'article 2270 qui devient applicable ; (Pau, 29 juillet 1879).

2° *Il n'y a pas de présomption de faute* et il appartient au propriétaire de faire la preuve que cette faute existe et qu'elle résulte d'un vice quelconque de l'œuvre : vice du plan, vice du sol ou vice de construction.

(Cependant il serait équitable de faire, ici, une distinction entre les travaux faits à forfait et ceux faits en régie, les premiers étant, avec raison, mieux protégés par la loi que les seconds.)

3° *La présomption de faute n'existerait que contre le constructeur d'un bâtiment à forfait.*

Mais encore à la condition qu'il y ait « vice du sol » ou « vice de la construction », suivant les termes de l'article 1792.

C'est cette troisième opinion qui est la plus généralement adoptée par la jusrisprudence qui prétend ainsi substituer entièrement la responsabilité du constructeur à forfait à celle du propriétaire, considéré comme incompétent en matière de construction.

Une maison peut, en effet, avoir toutes les apparences de solidité et cependant avoir été bâtie d'une façon très défectueuse, à l'aide de mauvais matériaux qui soient une cause de ruine rapide. Il importe donc que le propriétaire, qui peut être aisément trompé, soit efficacement protégé par la loi, contre la mauvaise foi du *constructeur;* ce qui se trouve réalisé par la présomption de preuve établie par l'article 1792.

Par constructeur, il faut donc entendre évidemment, non seulement l'entrepreneur à forfait ou prix fait, mais encore l'architecte-entrepreneur général d'un bâtiment, complètement assimilable, dans l'espèce, au premier, au point de vue de l'entreprise, mais avec une responsabilité beaucoup plus étendue, puisque, à celle de l'entrepreneur, il adjoint celle de l'architecte, à l'égard du propriétaire.

VI

La responsabilité par le droit commun

Les articles 1792, 1793 et 2270 sont-ils les seuls qui intéressent l'architecte et l'entrepreneur?

Nous venons de voir que l'article 1792 à qui on a souvent attribué un sens général, a surtout un sens restreint et qu'il vise spécialement le cas d'une construction édifiée à prix fait, soit par un entrepreneur, soit par un architecte entrepreneur.

L'article 1793 complète le précédent et fixe que le constructeur d'un bâtiment à prix fait, n'a droit à aucune augmentation du prix convenu, s'il n'y a convention nouvelle avec le propriétaire.

Voici, d'ailleurs, le texte de cet article :

ART. 1793. — *Lorsqu'un architecte ou un entrepreneur s'est chargé de la construction à forfait d'un bâtiment, d'après un plan arrêté et convenu avec le propriétaire du sol, il ne peut demander aucune augmentation de prix, ni sous le prétexte de l'augmentation de la main-d'œuvre ou des matériaux, ni sous celui de changements ou d'augmentations faits sur ce plan, si ces changements ou augmentations n'ont pas été autorisés par écrit, et le prix convenu avec le propriétaire.*

Enfin l'*article 2270* ne tranche qu'une question de prescription en disant : *après dix ans, l'architecte et les entrepreneurs sont déchargés de la garantie des gros ouvrages qu'ils ont faits ou dirigés.*

Néanmoins on doit remarquer le dernier membre de phrase de cet article qui semble bien viser l'architecte et les entrepreneurs tels que nous les comprenons de nos jours et non tels qu'ils semblent désignés dans l'article 1792.

C'est là une contradiction évidente.

Ajoutons qu'en dehors de ces trois articles, il en est d'autres, dans le droit commun, pouvant atteindre les constructeurs ; et même, il est permis d'ajouter, en raison de l'importance considérable qu'offre la matière de la construction, que ces trois articles devraient plutôt être considérés comme des accessoires venant compléter les articles généraux du Code.

Il est évident, par exemple, que les articles 1382 et 1383 sont parfaitement applicables aux constructeurs :

Art. 1382. — *Tout fait quelconque de l'homme, qui cause à autrui un dommage, oblige celui par la faute duquel il est arrivé, à le réparer.*

Art. 1383. — *Chacun est responsable du dommage qu'il a causé, non seulement par son fait, mais encore par sa négligence ou par son imprudence.*

Tous les cas possibles peuvent être naturellement compris dans ces articles, ce qui donne au juge une très large marge d'appréciation.

La preuve de la faute doit être faite, suivant les règles ordinaires, par celui qui l'invoque.

Mais si ces articles de droit commun étaient les seuls pouvant régler la situation des constructeurs, il s'en suivrait que leur responsabilité durerait trente ans. C'est donc pour établir une dérogation à ces principes généraux que furent rédigés les articles 1792 et 2270 : le premier établissant une présomption de faute en cas de marché à prix fait : le second réduisant à dix ans la durée de la prescription.

Cependant, et bien que de nombreux arrêts des tribunaux et même de la Cour de Cassation aient appliqué les articles 1382 et 1383, il est impossible de ne pas constater que lesdits articles sont compris dans le *titre IV* du Code qui traite *Des engagements qui se forment sans conventions.*

Or, il est manifeste, qu'en matière de construction il existe toujours une convention entre le propriétaire, d'une part, et l'architecte et l'entrepreneur, d'autre part.

D'où l'on doit conclure que ces articles de droit commun sont inapplicables aux engagements qui naissent d'un contrat et seulement applicables aux engagements qui résultent d'un fait n'établissant d'ailleurs aucun lien juridique entre l'auteur du dommage et la victime.

Dans le projet de l'article 1382, au moment de sa rédaction, le législateur citait comme exemple le cas d'un « objet jeté d'une maison habitée, sur un passant », ce qui peut être un cas assez fréquent dans la construction, sous forme de rupture d'échafaudages ou parties d'échafaudage, chute de matériaux, au cours des travaux, chute de parties de l'édifice (chapiteaux, corniches, consoles, etc., etc.), après son édification...

Il est certain que ces cas fortuits échappent complètement à la convention intervenue entre le propriétaire et les constructeurs et qu'il y a lieu d'établir, pour eux, une exception au principe qui régit les cas ordinaires.

Il y a donc, en résumé, deux parties dans les *obligations qui naissent des conventions :*

1° Celles qui résultent de conventions expresses entre deux ou plusieurs personnes sur des faits bien déterminés et prévus à l'avance ;

2° Celles qui résultent d'un fait imprévu, d'un cas fortuit, personnel à la personne qui est obligée.

Mais en matière de construction, répétons-le, *il y a toujours une convention,* ayant un objet déterminé : l'exécution de certains ouvrages.

Cela nous amène à la conclusion suivante :

Ce ne serait pas dans les articles de droit commun 1382 et 1383 qu'il faudrait chercher la responsabilité des constructeurs. Et il semble que, logiquement, ce ne devrait pas être davantage dans l'article 1792 figurant dans le Code sous le titre VIII, *Louage d'ouvrages*.

Ajoutons aussi que dans l'ancien droit français, on avait équitablement établi une distinction entre les *gros ouvrages* pour lesquels la responsabilité des constructeurs durait dix ans et les *menus ouvrages* pour lesquels leur responsabilité n'était que de trois ans.

Il a d'ailleurs été jugé que la responsabilité des simples malfaçons n'était régie que par l'article 2270. (Pau, 29 juillet 1829; — Cassation, 15 juin 1863 et 24 novembre 1875.)

CHAPITRE II

NATURE DES CONTRATS DES CONSTRUCTEURS

La question réside donc tout entière dans l'étude de la nature du contrat qui intervient entre le propriétaire, d'une part, et les constructeurs (architectes et entrepreneurs), d'autre part.

Ce qu'on peut traduire ainsi :

1° *Pour l'architecte : l'engagement qui le lie à son client est-il un contrat de louage ou un mandat ?*

2° *Pour l'entrepreneur : la convention (ou marché) passée avec le propriétaire est-elle un contrat de louage ou une vente ?*

Tels sont les divers points de vue que nous allons rapidement étudier.

I

L'architecte est-il un locateur d'ouvrage ?

Le rôle de l'architecte a été défini plus haut, il peut être résumé, en disant que ce praticien est chargé :

D'étudier le terrain à bâtir ;

D'établir les plans de la construction projetée ;

D'en rédiger les devis et cahier des charges ;

D'en diriger les travaux ;

De régler les comptes des entrepreneurs.

Il s'engage, en fait, à mettre son expérience personnelle à la disposition du propriétaire ; c'est-à-dire : son art et son habileté, en un mot, toutes ses capacités, qui sont le fruit de ses études professionnelles et de sa pratique des chantiers. Mais il ne fournit pas de matériaux et reçoit des honoraires.

Or, cet exposé semble parfaitement répondre à ce que la loi entend par le *louage d'ouvrage*.

Voyons ce que dit l'article 1710 :

ART. 1710. — *Le louage d'ouvrage est un contrat par lequel l'une des parties s'engage à faire quelque chose pour l'autre, moyennant un prix convenu entre elles.*

L'architecte s'engage bien, en effet, à faire *quelque chose* pour le propriétaire, moyennant un prix convenu entre eux : le taux des honoraires.

L'article 1787 est également intéressant :

ART. 1787. — *Lorsqu'on charge quelqu'un de faire un ouvrage, on peut convenir qu'il fournira seulement son travail ou son industrie ou bien qu'il fournira aussi la matière.*

N'est-ce pas exactement le cas de l'architecte qui ne fournit que son travail ?

A ce point de vue donc, l'architecte semblerait être un *locateur d'ouvrage*, en cela, assimilable, d'ailleurs, à d'autres personnes exerçant, comme lui, des professions libérales : au peintre qui reçoit la commande d'un tableau, au musicien chargé de composer une cantate ou une symphonie, à l'avocat qui fournit un dire ou un mémoire, au notaire qui rédige un contrat de mariage, enfin à l'écrivain qui reçoit de son éditeur la commande d'un ouvrage.

L'analogie est évidemment frappante ; mais ne doit-on pas déplorer l'assimilation faite ici par par la loi entre l'ouvrier de l'esprit et celui qui ne façonne que la matière ; entre le penseur, l'écrivain, l'artiste et l'ouvrier manuel exerçant un métier manuel ?

Cela dit, sans vouloir déprécier en rien le travail purement physique.

Mais les professions industrielles sont naturellement d'un rang inférieur aux professions dites libérales, et il semble injuste qu'elles soient toutes traitées par la loi sur un pied d'égalité absolue.

Il convient aussi de faire une distinction entre :

Le *louage d'ouvrage* proprement dit, qui serait le fait de l'architecte, et le *louage de services* (cour de Paris, 7 novembre 1891, et Cour de Cassation, 16 mai 1904).

Au surplus, cette opinion est loin d'être partagée par la majorité de la jurisprudence, laquelle incline plutôt à considérer l'architecte comme un *mandataire salarié* et à lui appliquer à tout propos les règles du mandat.

Deux arrêts de la Cour de Cassation (20 novembre 1817 et 25 mars 1874) ont cependant considéré l'architecte comme un locateur d'ouvrage.

Nous verrons un peu plus loin qu'il y a une évidente exagération à vouloir faire de l'architecte, soit exclusivement un locateur d'ouvrages, soit seulement un mandataire, et que cette profession, si complexe, exige qu'on l'envisage à un point de vue plus large, parce qu'il y a, dans le rôle de l'architecte, des phases très diverses, d'une nature absolument différente et qui doivent être considérées suivant une conception juridique différente aussi.

II

L'architecte est-il un mandataire ?

Et d'abord qu'est-ce que le mandat ?

Le Code en donne lui-même la définition suivante :

Art. 1984. — *Le mandat ou procuration est un acte par lequel une personne donne à une autre le pouvoir de faire quelque chose pour le mandant et en son nom. — Le mandat ne se forme que par l'acceptation du mandataire.*

Il y a entre le mandat et le contrat de louage d'ouvrages une différence très grande :

Dans le *mandat*, le mandataire reçoit du mandant le pouvoir de faire *quelque chose* en son nom ; mais ce quelque chose peut ne pas être au profit du mandant et peut même ne pas être fait, cela n'empêchera pas le mandat d'avoir existé juridiquement.

Il en est tout autrement dans le *contrat de louage*, lequel est caractérisé par des actes matériels du locateur, qui sont des éléments essentiels de ce genre de contrat.

S'ils viennent à manquer, le contrat est rompu ; si même un de ces actes matériels fait défaut, le contrat est faussé.

Par exemple, pour un architecte : l'examen du sol de l'emplacement à bâtir, l'étude et l'établissement des plans, la direction des travaux, sont évidemment des parties essentielles de sa tâche ; que l'une quelconque vienne à manquer et cette tâche est absolument incomplète.

Donc, en résumé :

Dans le mandat, une personne en représente une autre et agit en son nom ; mais le mandat peut n'être parfois qu'une abstraction, si le mandataire n'agit pas.

Dans le contrat de louage, au contraire, il est nécessaire que le locateur exécute *matériellement* ses engagements pour que ce contrat ait une existence légale.

Or, l'architecte n'est-il pas un véritable mandataire dans l'exercice de certains actes de sa profession : par exemple, lorsque, au nom de son client, il négocie l'achat ou la vente d'un terrain et le règlement d'un compte de mitoyenneté ; lorsqu'il discute et traite un marché avec les entrepreneurs, etc...

Certainement, dans ces divers cas, l'architecte est bien un mandataire.

La jurisprudence la plus récente est en faveur de cette doctrine : (Cassation 20 novembre 1817 et 25 mars 1874 ; — Pau, 19 juin 1874 ; — Lyon 31 mars 1881 ; — Dijon, 6 avril 1882 ; — Douai, 15 décembre 1884 ; — Tribunal Seine, 7 mai 1868 ; — 30 mai 1873. — Conseil d'État, 16 décembre 1885).

Mais tout autre est le rôle de l'architecte, lorsqu'il établit les plans d'un projet, lorsqu'il examine un terrain, lorsqu'il surveille les travaux, lorsqu'il se borne à donner des conseils à un client...

L'architecte apparaît alors avec tous les caractères du *locateur d'ouvrages*.

III

L'architecte mandataire et locateur d'ouvrage

D'où cette conclusion :

L'architecte serait à la fois un *mandataire* et un *locateur d'ouvrage*.

1° L'architecte serait un mandataire lors de son intervention comme représentant de son client, à l'égard des tiers ;

2° L'architecte serait un locateur d'ouvrage, dans tous ses autres rapports avec son client.

La Société centrale des Architectes, qui fait autorité pour tout ce qui a trait aux choses de la construction, s'est depuis longtemps prononcée dans ce sens.

Cependant cette thèse est très discutée, car nombreux sont les juristes qui considèrent l'architecte comme un mandataire et rien qu'un mandataire, le tenant comme investi d'un *mandat général* de son client, pour agir au mieux de ses intérêts, à l'égard des tiers. Mais, d'après cette dernière hypothèse, les entrepreneurs agissant sous les ordres de l'architecte, mandataire du propriétaire, seraient alors considérés comme des tiers, ce qui paraît au moins illogique.

Cela prouve, comme nous le disons plus haut, que le rôle excessivement complexe de l'architecte, se prête difficilement à une assimilation quelconque et à une classification bien déterminée ; ce que nous constaterons davantage encore, au chapitre spécial de la responsabilité.

IV

Le contrat de l'entrepreneur

En ce qui concerne l'entrepreneur de travaux publics ou privés, la discussion se restreint aux points suivants :

Le contrat qui lie l'entrepreneur à un propriétaire ou à une municipalité, entre-t-il dans la catégorie du *louage d'ouvrage* ou dans celle d'une *vente ?*

Trois opinions différentes sont émises :

Suivant la première, il y aurait certainement un louage d'ouvrage, c'est-à-dire un travail exécuté, la matière, mise en œuvre, étant considérée comme un accessoire (Duranton et Duvergier).

Suivant la seconde, il y aurait à la fois louage d'ouvrage et vente, c'est-à-dire un *contrat mixte* (Rau et Aubry).

Enfin, suivant une troisième opinion, le louage d'ouvrage existerait jusqu'à la réception de la construction par le propriétaire ; à partir de cette réception, il y aurait vente.

En admettant cette dernière opinion, (qui a pour elle la plupart des auteurs), le contrat de l'entrepreneur comprendrait deux parties :

1° Il serait un louage d'ouvrage lorsque l'entrepreneur ne fournit que sa main-d'œuvre et celle de ses ouvriers ;

2° Il serait une vente lorsque l'entrepreneur fournit, en outre, les matériaux.

Ce dernier cas est d'ailleurs le plus fréquent.

La troisième solution envisagée est évidemment la plus rationnelle ; c'est aussi la plus juridique.

On n'aperçoit pas, en effet, de différence entre la vente faite par un marchand d'un objet déjà fabriqué et la vente de ce même objet faite après engagement pris par ce marchand de le fabriquer.

De même un entrepreneur qui a construit, de ses deniers, une maison, la vend ou prend l'engagement d'en construire une semblable à forfait. Dans les deux cas, il y a *vente*.

Mais, par contre, il semble tout à fait logique et juste de considérer les deux cas si différents de l'entreprise :

1° Celui où l'entrepreneur ne fournit que sa main-d'œuvre et celle de ses ouvriers ; ce qui constitue un véritable louage d'ouvrage.

2° Celui où il fournit à la fois les matériaux et la main-d'œuvre ; ce qui est absolument analogue à une vente d'ouvrage.

Cette distinction a été d'ailleurs reconnue et consacrée par le Code, lequel s'exprime ainsi :

ART. 1711. — *Les devis, marché, ou prix fait pour l'entreprise d'un ouvrage moyennant un prix déterminé sont aussi un louage lorsque la matière est fournie par celui pour qui l'ouvrage se fait...*

La nature du contrat qui lie l'entrepreneur au propriétaire est aussi fixée par la loi, au point de vue que nous venons d'envisager :

ART. 1787. — *Lorsqu'on charge quelqu'un de faire un ouvrage, on peut convenir qu'il fournira seulement son travail ou son industrie, ou bien qu'il fournira aussi la matière.*

Le législateur, pour mieux préciser sa pensée, avait même, dans la première rédaction de cet article, ajouté à ce texte, cette phrase :

... Dans le premier cas, c'est un pur louage ; dans le second, c'est une vente d'une chose une fois faite.

Mais cette phrase n'ayant pas un caractère suffisamment juridique, fut supprimée. Néanmoins elle éclaire suffisamment le sujet et précise les termes de l'article 1787.

En outre, il convient de remarquer que les immeubles constituent une dérogation aux règles ordinaires de la propriété, puisque l'article 552 du Code civil s'exprime ainsi :

ART. 552. — *La propriété du sol emporte la propriété du dessus et du dessous.*

Il s'ensuit qu'une construction élevée sur un terrain est toujours présumée appartenir au propriétaire dudit terrain, sans même avoir besoin de considérer comment et par qui cette construction a été faite.

Le sol constitue donc ici la *partie essentielle* de l'immeuble, tandis que la construction en est une partie secondaire.

Et même, si les matériaux ayant servi à cette construction ne sont pas encore payés, ils ne pourront être enlevés ; celui à qui ils sont dus pourra seulement en réclamer la valeur (Code civil, art. 554).

C'est pourquoi la plupart des auteurs expriment l'opinion que le *marché* passé entre un propriétaire et un entrepreneur n'est en réalité qu'un contrat de *louage d'ouvrage*, quand bien même l'entrepreneur fournirait, à la fois, les matériaux et la main-d'œuvre.

Pour asseoir leur opinion, ils établissent une analogie entre le sol, fourni au constructeur pour y bâtir une maison et une matière quelconque fournie à l'ouvrier pour la travailler ; telle par exemple une pièce de cuir pour en faire des chaussures, ou une pièce de drap pour en faire un habit.

Car, dans ces deux derniers cas, le cuir et le drap seraient, quant aux chaussures et à l'habit, des parties aussi essentielles que le sol pour un immeuble entier.

Mais lorsque l'entrepreneur fournit aussi le terrain, le cas est tout différent et il y a manifestement *vente*. C'est d'ailleurs ainsi que l'a généralement admis la jurisprudence et notamment la Cour de Cassation (22 juillet 1874) ; alors que dans un autre jugement du 20 février 1883, elle déclare : *Qu'il y a louage d'ouvrage, lorsque l'entrepreneur fournit son industrie et les matériaux et le propriétaire son terrain.*

CHAPITRE III

COMMENT LA RESPONSABILITÉ DES CONS-
TRUCTEURS PEUT ÊTRE ENGAGÉE

Nous allons, sous ce titre générique, étudier très rapidement les faits qui sont de nature à engager la responsabilité des constructeurs.

Ces faits sont excessivement nombreux et d'une portée variable avec chaque espèce ; et à vouloir les citer tous, on s'exposerait évidemment à en omettre beaucoup. Aussi nous bornerons-nous à étudier les principaux, ceux qu'on voit fréquemment se produire dans la construction et qui ont motivé de multiples procès, surtout contre les architectes, toujours mis en cause, quelle que soit la faute commise et quels que soient les faits survenus !

I

L'architecte

La responsabilité de l'architecte est, en effet, écrasante.

Il suffit de compulser certains jugements pour s'en convaincre :

D'après eux : l'architecte doit garantie au propriétaire dont il a dirigé ou exécuté les constructions : *de toutes les suites* qui résultent pour celui-ci de l'inobservation des lois ou règlements sur la voirie (Bordeaux, 21 avril 1864); et cela, même au cas où il aurait prévenu ce propriétaire des risques qui, à ce point de vue, étaient encourus par lui.

Il est responsable lorsqu'il enfreint les règlements qui ont pour but l'élargissement des voies de communication (Paris, 19 août 1844), à moins cependant qu'il ne justifie que la faute est imputable à la volonté formelle du propriétaire dûment averti (même arrêt).

L'architecte peut être déclaré responsable pendant dix ans, même au cas de malfaçons ou de vices de construction qui ne seraient pas de nature à entraîner la perte de l'édifice (Cour de Cassation, 3 décembre 1834).

La responsabilité édictée par les articles 1792 et 2270 n'est pas limitée aux édifices, mais s'étend à toute construction quelconque; même à un simple mur, à un puits (Paris, 2 juillet 1828; Dijon, 13 mai 1862), à une simple cabane (Aix, 16 mars 1832), à un pont (Cassation, 18 décembre 1839; Conseil d'État, 21 juillet 1853). Cependant la responsabilité de l'architecte ne s'appliquerait pas au cas de réparations faites à un édifice (Rouen, 30 novembre 1833), ni à des ouvrages qui deviennent immeubles par destination (comme des pressoirs) (Metz, 17 octobre 1843).

II

L'entrepreneur

Quant aux entrepreneurs, les cas où leur responsabilité se trouve engagée sont beaucoup moins nombreux; c'est particulièrement dans la fourniture des matériaux et leur mise en œuvre, c'est-à-dire dans les vices de construction que résident les causes les plus fréquentes de difficultés.

III

Présomption de faute

Mais la jurisprudence, rejetant la présomption de faute, a admis, d'une façon à peu près constante, que la responsabilité des constructeurs n'est engagée que s'il y a eu *faute* de leur part ou de celle de leurs employés ou ouvriers dont ils répondent.

C'est au demandeur de prouver qu'il y a eu réellement une faute commise.

La preuve de faute s'établit par les articles 1382, 1383, 1384, 1787 et 1789 du Code civil (Pau, 13 mars 1845).

Rappelons ces articles de droit commun :

Art. 1382. — *Tout fait quelconque de l'homme qui cause à autrui un dommage, oblige celui par la faute duquel il est arrivé à le réparer.*

Art. 1383. — *Chacun est responsable du dommage qu'il a causé non seulement par son fait, mais encore par sa négligence ou par son imprudence.*

Art. 1384. — *On est responsable non seulement du dommage que l'on cause par son propre fait, mais encore de celui qui est causé par le fait des personnes dont on doit répondre ou des choses que l'on a sous sa garde.*

. . . .

Art. 1787. — *Lorsqu'on charge quelqu'un de faire un ouvrage, on peut convenir qu'il fournira seulement son travail ou son industrie, ou bien qu'il fournira aussi la matière.*

. . . .

Art. 1789. — *Dans le cas où l'ouvrier fournit seulement*

son travail ou son industrie, si la chose vient à périr, l'ouvrier n'est tenu que de sa faute.

Donc, pour nous résumer : La présomption de faute doit, en principe, être rejetée, et il est nécessaire, pour le demandeur, de faire la preuve qu'il y a eu réellement *faute* commise par l'architecte ou l'entrepreneur ou par les deux, pour que la responsabilité décennale de ceux-ci, telle que l'édicte l'article 2270, se trouve engagée (Cassation, 24 novembre 1875).

IV

Faits engageant la responsabilité

Les divers faits susceptibles d'engager la responsabilité des constructeurs se trouvent toujours, quels qu'ils soient, compris dans l'une des trois grandes catégories suivantes :

1° *Les vices du sol ;*

2° *Les vices du plan ;*

3° *Les vices de construction.*

Nous allons examiner, tour à tour, ces trois chefs de difficultés, d'abord au point de vue de l'architecte, ensuite au point de vue de l'entrepreneur.

On conçoit quelles différences essentielles ces catégories de faits comportent, suivant qu'on les envisage d'un côté ou de l'autre d'une des parties en cause : architecte, entrepreneur ou propriétaire ; toutes trois y jouant, en principe, des rôles très spéciaux.

Cependant il arrive souvent, dans la pratique, que ces rôles se confondent trop, ou plutôt qu'il y a empiétement de l'un sur l'autre, ce qui transforme et modifie, à l'infini, le degré de responsabilité des constructeurs.

V

Vices du sol

1° RESPONSABILITÉ DE L'ARCHITECTE

Le devoir de l'architecte est d'examiner avec soin le terrain sur lequel il doit édifier une construction. A cet effet, il doit faire pratiquer, sous ses yeux, des sondages assez profonds et en quantité suffisante pour pouvoir se rendre exactement compte de la nature du sol et des précautions à prendre pour asseoir les fondations, dans des conditions de parfaite sécurité pour l'édifice futur. Si l'architecte ne se livre pas à cette étude préalable du terrain, il y a négligence de sa part ; et cette négligence se transformera en faute, s'il survient plus tard dans les fondations un fait quelconque de nature à compromettre la solidité de la construction et auquel il eût été possible de remédier, en agissant avec plus de prudence.

Il en serait tout autrement, évidemment, s'il était prouvé que l'architecte a rempli son devoir consciencieusement et que les constatations faites, par lui, au cours de son examen attentif du terrain, ne pouvaient l'inciter à prendre plus de précautions qu'il n'en a prises.

Les tribunaux ont, notamment, retenu comme *faute du sol :*

Le fait d'établir un massif de construction : sur de la vase molle (conseil de préfecture de la Seine-Inférieure,

29 mai 1882); sur un sol de remblai (tribunal de la Seine, 13 mars 1874); sur un sol non perméable (tribunal de la Seine, 28 juillet 1883); sur un sol susceptible d'être corrodé par l'infiltration d'un canal voisin déjà existant au moment du commencement des travaux (Pau, 2 juillet 1828), ou par les eaux pluviales, lorsque la construction dont il s'agit consiste notamment dans un mur de soutènement (Conseil d'État, 10 novembre 1882) ou dans un mur de revêtement dont les soubassements sont insuffisamment desséchés (Lyon, 6 juin 1874), ou lorsqu'il s'agit d'un bâtiment dont les caves sont placées au-dessous de la cote maxima de la nappe d'eau souterraine (tribunal de la Seine, 15 mars 1876).

Néanmoins, il est des cas où la responsabilité de l'architecte peut être, en partie du moins, couverte par celle du propriétaire; par exemple, si, par suite des allégations mensongères de ce dernier, avec pièces ou mémoires à l'appui, le jugement de l'architecte s'est trouvé faussé.

2° RESPONSABILITÉ DE L'ENTREPRENEUR

Normalement, lorsqu'il n'y a pas entreprise générale et à forfait d'un bâtiment, la responsabilité de l'entrepreneur, en matière de vice du sol, n'existe pas ou est très fortement atténuée par celle de l'architecte.

C'est, en effet, à ce dernier seul qu'incombe le soin de faire le nécessaire pour l'examen du sol; il n'est aucunement tenu de demander l'avis de l'entrepreneur ni de le mettre au courant des dispositions qu'il compte prendre pour assurer la solidité des fondations; l'entrepreneur n'intervient que pour recevoir et exécuter les ordres de l'architecte.

Mais ici se dresse la question de compétence professionnelle : un entrepreneur peut-il ignorer à quoi il
expose une construction en l'édifiant sur un sol manifeste-
men mauvais? Cela n'est guère admissible, car ce serait
admettre l'incapacité absolue de l'entrepreneur; il n'ignore
donc pas à quoi l'expose un mauvais sol. En ce cas,
malgré les ordres formels de son chef, l'architecte, ordres
qui lui paraissent excessifs et téméraires, doit-il se
considérer simplement comme couvert par la responsabilité civile de l'architecte et exécuter ses ordres quand
même ?

Évidemment non, car la faute lourde de ce dernier,
résultant d'une erreur manifeste de sa part, ne saurait
complètement effacer la faute d'un entrepreneur assez
peu consciencieux et assez imprudent pour construire
ainsi, au mépris de toute logique, si, par ses connaissances professionnelles, même élémentaires, il ne pouvait pas ignorer le mauvais état du sol et le danger
permanent auquel il exposait l'édifice construit sur ce
sol.

Il devrait, au moins, en pareil cas, informer le propriétaire de ses propres constatations et de ses craintes,
et par ce moyen, appeler indirectement l'attention de
l'architecte sur certains points, certaines considérations
ayant pu échapper à l'attention de celui-ci.

Ce faisant, l'entrepreneur remplirait son devoir suivant sa conscience et n'aurait rien à se reprocher à l'égard
du propriétaire, si, plus tard, la construction (édifiée
quand même) venait à périr par vice du sol; en un mot
sa responsabilité ne pourrait même être mise en cause,
et il serait à l'abri de toute suspicion ultérieure.

Le cas que nous venons d'envisager n'offre-t-il pas,

d'ailleurs, une singulière analogie avec celui où se trouve, par exemple, un pharmacien ayant à exécuter l'ordonnance d'un médecin, lequel a prescrit certains médicaments à des doses trop fortes?

Se conformer strictement à la prescription médicale, c'est ici compromettre la santé, sinon la vie d'un malade ; et c'est un devoir pour le pharmacien de refuser d'exécuter une telle ordonnance, alors que ses connaissances professionnelles lui en montrent le danger : il doit motiver clairement son refus et signaler l'erreur commise, d'abord à son auteur et, si besoin est, au client lui-même.

En matière de construction, c'est encore plus grave, car il y va de la santé et de la vie non seulement d'une seule personne, comme dans le cas d'une erreur médicale, mais de nombreuses personnes !

Nous disons *de la santé*, parce qu'en dehors du cas de péril ou de dégradation de l'édifice, il peut y avoir des causes d'insalubrité plus dangereuses encore, peut-être parce que moins apparentes, et qui agiront d'une façon permanente sur les habitants, si l'immeuble est malsain par l'unique faute des constructeurs qui n'ont pris aucune des précautions nécessaires en n'assainissant pas le sol par des drainages ou d'autres moyens analogues.

Le fait, pour un entrepreneur, de ne pas signaler en temps opportun, soit au propriétaire, soit à l'architecte, les raisons qui le font considérer le terrain à bâtir comme plus mauvais qu'on ne le croit ou les mesures de précaution ou de consolidation prises comme insuffisantes, ce fait peut donc être très grave par ses conséquences.

Et il semble logique et légitime, s'il est avéré que l'entrepreneur ne pouvait ignorer le fâcheux état de choses, d'engager sa responsabilité civile, bien que sa faute professionnelle n'atténue en rien la faute lourde de l'architecte, coupable d'avoir mal étudié le sol et d'avoir donné des ordres maladroits et inopportuns.

Ajoutons que la faute de l'entrepreneur apparaîtrait plus nettement encore si la construction, édifiée par lui, avait fait l'objet d'un marché à forfait; car son silence pourrait s'expliquer alors par une misérable question d'économie réalisée dans un but d'intérêt personnel.

VI

Vices du plan

1° RESPONSABILITÉ DE L'ARCHITECTE

On entend par *vices du plan* toutes indications erronées portées au plan par l'architecte et susceptibles de compromettre la solidité de la construction, sinon la sécurité de ses habitants.

Les vices provenant de ce chef peuvent donc être innombrables et infiniment variés.

Ils entrent dans deux grandes catégories : soit qu'ils proviennent d'une *mauvaise conception de plan* ou d'une quelconque de ses parties ; soit qu'ils résultent d'une *erreur purement matérielle*.

Comme exemple de vices de la première catégorie, on peut citer : une trop faible épaisseur des murs; une mauvaise répartition des charges sur les points d'appuis; des porte-à-faux; des dessins de détail ne correspondant pas exactement au plan d'ensemble, etc.

Dans la seconde catégorie, on trouve : les erreurs commises en inscrivant les chiffres des cotes ou en fixant les flèches d'attache de celles-ci ; un mot employé pour un autre ; des chiffres mal faits se prêtant à plusieurs interprétations ; une erreur de dessins, empêchant la concordance avec les cotes, etc...

Nous avons déjà eu l'occasion de citer l'article 1792 qui vise spécialement les constructeurs ; mais le texte de cet article ne contient rien quant aux vices du plan ; il ne parle que du vice de la construction et du vice du sol. Il semble donc tout d'abord que ce n'est à pas cet article qu'il faille se référer dans le cas de vice du plan, mais au droit commun.

Car les articles 1792 et 2270 ne peuvent avoir pour objet, répétons-le, de réglementer, à eux seuls, tout ce qui a trait à la construction ; ils stipulent seulement des exceptions aux règles ordinaires du droit commun, et c'est, semble-t-il, à ce dernier, qu'on devrait recourir au cas de difficultés.

Cependant, en y regardant de plus près, on est tenté de croire que le législateur a peut être voulu résumer dans une seule phrase très courte, toute la matière du bâtiment, lorsqu'il dit :

ART. 1792. — *Si l'édifice... périt en tout ou en partie par le vice de la construction, même par le vice du sol.*

Il semble n'envisager que deux choses dans une construction : le sol, sur lequel elle est édifiée, et cette construction elle-même !

L'expression : *vice de la construction* et non *vice de construction*, ne résume-t-elle pas toutes les causes de ruine d'un bâtiment, quelles que soient leurs origines ?

Parmi ces causes et au premier rang se trouvent évidemment les fautes commises dans la confection du plan ; c'est ainsi que, par extension, l'article 1792 peut donc être applicable aux vices du plan.

Mais, en dehors même de cette considération, l'architecte a conclu avec le propriétaire un contrat, et il a pris des engagements formels, parmi lesquels celui d'établir des plans et devis suivant les règles de l'art et de la bonne construction. Il a, pour ce faire, pleine liberté d'action, dans la limite bien entendu du chiffre de dépense fixée et des conventions générales intervenues ; mais en ce qui concerne la partie technique d'un projet de construction, l'architecte ne doit avoir aucune entrave. Il doit agir suivant sa conscience, au mieux des intérêts de son client, avec le souci de s'inspirer constamment des principes de son art et par conséquent de tout étudier, combiner et prévoir pour réaliser l'œuvre qu'il a conçue avec le plus de perfection possible d'exécution.

Or il est presque nécessaire qu'au seul point de vue de la solidité de l'édifice les plans qui constituent la base même du projet soient établis d'une façon parfaite, puisque la moindre erreur de ce fait peut causer un trouble profond de jouissance aux habitants de l'édifice sinon être une cause de ruine pour celui-ci et une cause de danger pour ceux-là.

De son côté, le propriétaire est en droit d'alléguer que, s'il n'a pas établi lui-même les plans, s'il s'est imposé des frais d'honoraires, en recourant au service d'un architecte, c'est parce que les connaissances professionnelles et le talent de celui-ci lui étaient une garantie d'habileté et de compétence suffisantes.

En principe, d'ailleurs, l'incompétence du propriétaire en matière de plan doit être admise ; il ne peut que s'en rapporter à son architecte, qui a pris des engagements formels à son égard.

Si donc le plan est défectueux, les engagements pris

sont violés et la responsabilité de l'architecte est absolue.

En principe, donc, le plan doit être irréprochable.

Même au point de vue de sa forme, il doit donner satisfaction au *desideratum* du propriétaire ; c'est-à-dire que la maison qu'il représente devra répondre à sa destination spéciale et qu'il serait inadmissible, par exemple, qu'une villa devant être habitée bourgeoisement fût traitée en maison ouvrière ou en usine. Mais les difficultés qui naissent de ce point de vue sont très rares, attendu qu'architectes et propriétaires ont coutume de s'entendre préalablement sur un avant-projet, avant l'étude définitive des plans d'exécution.

Néanmoins, si le propriétaire est à même de comprendre et d'apprécier une bonne disposition de plan, ce qui n'exige qu'un peu d'attention, il en est tout autrement des mille détails techniques relatifs aux proportions des diverses parties de l'édifice et surtout aux dispositions, aux dimensions et à la nature des matériaux et des ouvrages.

Pour cela, il est clair que le propriétaire est notoirement inapte à se rendre compte de la valeur des indications portées aux plans *et aux devis*.

C'est à dessein que je cite les devis, car l'erreur signalée dans un plan peut aussi bien exister dans un devis et avoir une aussi grande répercussion sur la bonne exécution des travaux de l'édifice ; soit que cette erreur provienne d'un mauvais calcul de forces, ayant amené à prescrire des dimensions trop faibles, ou d'une connaissance insuffisante des matériaux imposés à tort à l'entrepreneur ; soit qu'elle résulte simplement d'une omission ou de toute autre cause analogue.

Par *vice du plan*, il ne faut donc pas seulement entendre le plan proprement dit, mais aussi tout ce qui en constitue le complément nécessaire lors de l'établissement d'un projet, c'est-à-dire : les devis et le cahier des charges.

Pour tous ces vices, la responsabilité décennale de l'architecte est formellement engagée.

En somme, la faute de l'architecte existe donc naturellement du fait de l'établissement de plans d'une façon défectueuse, plans que le propriétaire a toute latitude de payer et conserver pour les faire exécuter plus tard par une autre personne ; mais cette faute est singulièrement aggravée par la suite lorsque, au cours des travaux, dirigés par l'auteur des plans, aucune modification n'est faite à ces plans et qu'il n'est rien tenté pour remédier au défaut existant ou pour en éviter les conséquences dangereuses.

A moins d'admettre une ignorance et une inexpérience inconcevables, on ne s'expliquerait guère, en effet, l'inaction coupable de l'architecte ; seule l'intervention d'un commis novice et incapable pourrait évidemment produire un tel résultat.

Où la question devient plus délicate encore, c'est dans le cas, envisagé ci-dessus, d'un plan vicieux servant à une tierce personne pour la construction d'une maison.

Trois cas peuvent se présenter :

1° Le plan peut être utilisé directement par le propriétaire, dirigeant ses travaux lui-même, sans le concours d'un architecte ;

2° Le plan passe entre les mains d'un second architecte ;

3° Le plan est remis à un entrepreneur qui construit,

en dehors de toute ingérence de l'architecte, auteur du dit plan.

Que devient alors la responsabilité de ce dernier?

Premier cas. — Lorsque c'est le propriétaire qui construit lui-même (à moins qu'il ne soit entrepreneur de profession), son incompétence notoire le met presque entièrement à la merci des circonstances, et il n'est guère possible qu'il s'aperçoive des erreurs du plan. La faute de l'architecte ressort donc ici indéniable, de même que sa responsabilité reste entière, en apparence du moins, comme nous verrons plus loin.

Deuxième cas. — Mais tout autre est le cas d'intervention d'un second architecte qui eût dû étudier assez le projet à exécuter pour s'apercevoir, sinon de suite, du moins au fur et à mesure de son exécution, des dispositions vicieuses du plan; son devoir eût été alors de les signaler immédiatement au propriétaire et de faire le nécessaire pour les éviter.

Si, au contraire, les défectuosités du plan subsistent et causent par la suite un dommage quelconque, il est juste d'admettre que la responsabilité du second architecte s'est substituée au moins partiellement à celle de son confrère, auteur du plan défectueux.

Cependant la responsabilité du second architecte ne peut être aussi complète que s'il était l'auteur de la faute initiale qu'il n'a pas su voir, mais qu'il n'aurait peut-être pas commise.

Ajoutons même qu'il a été jugé que l'architecte, seulement chargé de surveiller des travaux, n'encourait aucune responsabilité si la construction, édifiée suivant un plan vicieux, venait à s'écrouler (Cassation, 1er février 1830 et 18 décembre 1839)! C'est évidemment là, on en conviendra, une véritable erreur d'appréciation des juges mal éclairés sur la question, et cette doctrine n'est guère soutenable, en fait, sinon en droit.

Troisième cas. — Reste la troisième hypothèse : celle où le projet est remis à un entrepreneur qui l'utilise, en dehors de son auteur. Le fait d'agir seul et sans les conseils de l'auteur des plans tend à augmenter beaucoup la responsabilité de l'entrepreneur, laquelle se substitue alors presque complètement à celle de l'architecte, certainement beaucoup plus que dans le cas précédent.

Nul ne saurait affirmer, en effet, que, dans ces trois cas, les erreurs commises dans ses plans ou devis par l'architecte, n'eussent pu être corrigées par lui, en temps opportun, c'est-à-dire *au moment de l'exécution des travaux*, et, par conséquent, que le dommage causé n'eût pas été évité, si les choses se fussent passées normalement.

D'autre part, l'établissement des plans ne constitue, en somme, qu'une partie de la tâche de l'architecte ; laquelle se complète par l'exécution de la construction et le règlement des comptes.

Priver l'architecte de l'exécution des travaux, c'est évidemment lui supprimer l'une des parties essentielles de sa tâche ; au surplus, toutes ces parties sont liées intimement. C'est pourquoi, si grande que soit la faute commise, lors de l'établissement des plans, il est très logique d'admettre qu'elle puisse être réparée au moment même de l'édification de la construction, et il est sans doute prématuré et injuste de conclure à la responsabilité complète de l'architecte s'il ne fournit que les plans, seuls.

Ajoutons que l'atténuation de sa responsabilité apparaîtrait davantage encore, s'il avait ignoré, en faisant les plans, qu'il ne serait pas chargé de la direction des travaux. Il convient d'insister sur ce point.

L'*échelle* des plans est aussi un élément d'appréciation non négligeable, attendu que, d'ordinaire, une étude se fait à l'échelle de $0^m,01$ par mètre, tandis que les plans dits *d'exécution* sont toujours établis à l'échelle de $0^m,02$. Or, personne n'ignore que l'étude des plans à cette dernière échelle est autrement positive que la précédente et qu'elle permet d'apercevoir des détails de construction et des proportions qui échappent à l'architecte, dans un plan à petite échelle.

On peut même dire, qu'en général, les plans à l'échelle de $0^m,01$ ne sont considérés par les architectes que comme des plans d'avant-projets. Cette considération peut avoir une réelle importance au point de vue juridique.

Voici quelques jugements relatifs aux vices du plan :

Pour faiblesse exagérée des fondations (Conseil d'État, 13 mars 1877);

Pour épaisseur insuffisante des murs (Conseil d'État, 10 novembre 1882);

Pour placement des cheminées sur plancher, sans point d'appui pour les soutenir (conseil de préfecture de la Seine, 19 février 1875).

2° RESPONSABILITÉ DE L'ENTREPRENEUR

On n'aperçoit guère, tout d'abord, comment la responsabilité d'un entrepreneur de travaux publics ou privés peut se trouver engagée à propos de vices du plan, puisque le plan est l'œuvre de l'architecte seul, suivant ses propres conventions avec le propriétaire, conventions auxquelles l'entrepreneur reste lui-même complètement étranger.

Mieux encore, ce dernier n'est appelé à intervenir que lorsque le plan et toutes les pièces annexes du projet sont terminés : il n'a donc pas même pu être consulté au moment où cette pièce a été établie.

Ce n'est évidemment pas à ce point de vue que peut être engagée sa responsabilité, et ce principe est reconnu unanimement par la jurisprudence.

Mais lorsque l'entrepreneur est appelé à s'occuper d'une construction projetée, il se passe ceci : l'architecte lui met en main le projet entier afin qu'il l'étudie dans tous ses détails, et puisse ensuite, en connaissance de cause, faire ses propositions pour traiter, soit à forfait, soit au rabais, d'après les prix de série. L'entrepreneur a donc la faculté d'examiner attentivement le projet.

Or, étant donnée sa responsabilité personnelle, cette faculté devient pour l'entrepreneur un véritable devoir auquel il ne peut se soustraire puisque cet examen minutieux lui est imposé par la nécessité d'établir son propre devis estimatif avec le plus de précision possible, afin de ménager ses propres intérêts.

Il s'ensuit, par conséquent, qu'il ne peut manquer de s'apercevoir de certaines grosses erreurs ou omissions devant immédiatement attirer l'attention d'un professionnel de la construction.

Au surplus, l'entrepreneur fait mieux encore : dès que ses propositions sont agréées par l'architecte et le propriétaire, *il approuve et signe* toutes les pièces du projet, notamment les plans, comme le fait le propriétaire lui-même, et il fait précéder sa signature des mots : « *Vu, bon pour exécution* ».

Cela signifie, évidemment, dans l'espèce :

« Je reconnais avoir examiné ces pièces et les trouver bonnes pour servir à l'exécution de la construction projetée. »

Cela signifie aussi, en ce qui concerne l'entrepreneur, qu'il n'a rien vu dans le projet, tel qu'il est conçu, qui lui ait paru anormal, irrégulier ou inexécutable.

Il signe sans faire d'objections ni de réserve, donc il admet implicitement la possibilité d'exécuter les travaux qu'il entreprend, avec les éléments du dossier dont il a pris complète connaissance.

Par conséquent, dans ces conditions qui sont tout à fait normales, l'entrepreneur engage manifestement sa responsabilité professionnelle, si la faute de plan commise par l'architecte est de celles qu'un constructeur quelque peu exercé doit apercevoir de suite. A moins d'alléguer, en effet, son incompétence absolue en la matière (ce qui serait inadmissible), ou qu'il n'a pas examiné le projet (ce qui serait absurde), il ne peut se disculper de son silence du début.

Mais ce qui est encore plus grave pour lui, au point de vue légal, c'est l'exécution même des travaux, suivant des plans renfermant des dispositions ou des indications vicieuses. Faute grave et sans excuse que son expérience professionnelle eût dû l'empêcher de commettre ; car, en admettant même que l'erreur commise par l'architecte dans ses plans lui eût échappé lors de sa première étude du projet, elle devait fatalement lui apparaître lors de l'établissement des épures à grande échelle et au cours de ses travaux, qui l'obligent à s'immiscer jusque dans les moindres détails de l'œuvre !

Pour toutes ces raisons, la responsabilité de l'entrepreneur se trouve donc engagée, en matière de vices du plan, sans qu'elle puisse, d'ailleurs, atténuer en rien la faute lourde de l'architecte.

Cette responsabilité semble subsister, même au cas où il est stipulé dans le cahier des charges de l'entreprise qu'il ne devra être fait par l'entrepreneur aucune modification au plan sans un ordre exprès et par écrit de l'architecte ; car, dans ce cas, on n'entend évidemment parler que des modifications usuelles à des plans normaux et non de la correction possible d'une disposition vicieuse ou de la rectification d'une erreur matérielle, toutes choses dont l'urgence et la nécessité sont incontestables.

En résumé, il semble équitable et logique d'admettre qu'un plan manifestement vicieux ne doit pouvoir être exécuté par un entrepreneur compétent et sérieux, cette éventualité n'étant à redouter que s'il est notoirement incapable ou malintentionné ou assez négligent pour s'en rapporter exclusivement à un contremaître, à un commis ou à un ouvrier quelconque. Cela n'atténue en rien, d'ailleurs, sa faute et sa responsabilité personnelles, puisqu'il répond de son personnel comme de lui-même, aux yeux de la loi.

Il y aurait ici *faute commune* de l'architecte et de l'entrepreneur, à l'égard du propriétaire et par conséquent solidarité dans leur condamnation.

Légalement, l'architecte restant seul en face de l'entrepreneur, il n'est pas douteux que la faute principale sera retenue à la charge du premier, lequel devra généralement payer la presque totalité des dommages et intérêts, mais solidairement avec l'entrepreneur.

Nous venons d'envisager un cas normal, celui où le

projet est exécuté par un entrepreneur, travaillant sous les ordres d'un architecte.

Bien différente serait la situation d'un entrepreneur qui recevrait directement des mains d'un propriétaire les plans d'une construction et accepterait d'en exécuter les travaux, en dehors de l'architecte auteur du projet.

Nous avons déjà dit quelques mots quant à cette hypothèse, envisagée au point de vue de la responsabilité de l'architecte.

Il est impossible d'admettre que, dans un tel cas, l'entrepreneur n'augmente pas considérablement sa responsabilité personnelle, car, en fait, il substitue presque entièrement sa compétence professionnelle à celle de l'architecte. Répétons que la tâche de ce dernier, pour être complète, eût en effet dû comprendre la direction des travaux, ce qui, très probablement, lui eût permis de s'apercevoir de l'erreur ou de l'omission commise dans ses plans, erreur qui ne devenait préjudiciable et *irréparable* qu'après l'exécution de la construction, c'est-à-dire après l'intervention de l'entrepreneur.

Dans ces conditions, agir seul, c'est vraiment, de la part d'un entrepreneur, vouloir, aux yeux du propriétaire, substituer sa propre responsabilité à celle de l'auteur des plans, lequel n'intervient plus en rien et ne peut ni par ses conseils, ni par ses explications orales, dissiper le doute ou l'équivoque et empêcher une fâcheuse interprétation de ses plans.

En un mot il n'est plus au pouvoir de l'architecte de réparer sa faute initiale, qui réside dans la confection du projet et qu'un examen ultérieur, plus attentif, lui aurait probablement permis de voir et de faire disparaître, s'il avait dirigé les travaux.

Cependant, nous devons constater avec regret que la jurisprudence et la plupart des auteurs se sont prononcés en faveur de la thèse contraire, c'est-à-dire qu'ils laissent à l'architecte, auteur du plan, *l'entière responsabilité de sa faute*, sans aucune atténuation, bien qu'il ne soit pas chargé de diriger les travaux. L'argumentation repose sur cette considération que l'établissement du plan est une des trois parties principales de la tâche de l'architecte, laquelle comprend :

1° L'établissement du plan ;

2° La direction des travaux ;

3° Le règlement des comptes de l'entreprise.

Or il est inadmissible, suivant cette doctrine, que l'architecte livre au propriétaire un plan défectueux ou irréalisable pour quelque cause que ce soit, de même que la direction des travaux devra être faite suivant les usages du bâtiment et les règles de la bonne construction, et de même aussi le règlement des comptes sera établi conformément aux prix et conditions stipulés dans les devis et cahier des charges.

En un mot, on considère chacune de ces parties comme indépendante par elle-même et devant donner pleine satisfaction au propriétaire ; sans quoi le contrat intervenu entre ce dernier et son architecte se trouve violé.

Ce dernier conserve donc la plénitude de sa responsabilité dans tous les cas.

Telle est la doctrine généralement adoptée jusqu'alors par les juristes et consacrée par la jurisprudence.

Nous croyons avoir démontré suffisamment que, dans la pratique, il est nécessaire de tenir compte, en outre, des considérations d'ordre général de certains éléments secondaires d'appréciation susceptibles de modifier beau-

coup parfois, l'importance de la faute initiale ; éléments
que la plupart des tribunaux ont trop négligés jusqu'alors.

Aussi est-il de l'intérèt des constructeurs d'insister
sur ce point particulier, car il s'agit de la constatation
d'un état réel des choses et des faits permettant de mieux
éclairer les juges et de les faire rendre, dans l'avenir,
des jugements plus équitables, en matière de *vices du
plan*.

VII

Vices de construction

1° RESPONSABILITÉ DE L'ARCHITECTE

Dans les articles précédents, relatifs aux vices du sol
et aux vices du plan, nous avons vu que, d'une façon générale, la faute principale incombe toujours à l'architecte, car seul il a mandat du propriétaire pour faire
l'étude du terrain à bàtir et seul il établit son plan.

Cela paraît rationnel, au point de vue général des
choses.

Il n'en est plus ainsi en matière de *vices de construction* où le rôle de l'architecte est presque secondaire,
alors que celui d'entrepreneur devient principal.

Ce dernier fournit en effet : la matière première, c'est-
à-dire les matériaux ; la main-d'œuvre pour transformer
ces matériaux et les mettre en œuvre ; enfin il réalise
matériellement le projet conçu par l'architecte.

Dès le jour de l'implantation d'un bàtiment sur le terrain à bàtir, le rôle de l'entrepreneur commence, celui
de l'architecte passe au second plan.

Ce dernier a préparé le projet complet : plans, dessins, devis, cahier des charges, il les a remis à l'entrepreneur et n'a plus qu'à veiller à la bonne interprétation de ces divers documents par l'entrepreneur, lequel doit s'y conformer complètement, sans perdre de vue cependant les lois fondamentales de l'art de bâtir, ce qu'on nomme communément *les règles de l'art*.

Le rôle de l'architecte, au cours de l'exécution d'un édifice, est donc à peu près celui d'un surveillant, d'un contrôleur.

A première vue, il semble même qu'un *vice de construction* quelconque ne peut être attribué qu'à l'entrepreneur et non à l'architecte, puisque, pratiquement, celui-ci ne peut être constamment présent sur le chantier et empêcher toutes les fraudes et toutes les malfaçons ; il ne peut évidemment, par exemple, empêcher le sabotage d'un ouvrier !

Fût-il même présent neuf heures sur dix, que la dernière heure pourrait largement suffire à un entrepreneur malintentionné pour faire de la fraude, pour opérer des substitutions de matériaux, éviter de composer le mortier, par exemple, suivant les dosages imposés par le devis descriptif, etc., etc.,

Eh bien ! malgré la logique la plus élémentaire, malgré l'évidence manifeste des faits, la jurisprudence persiste encore le plus souvent à tenir l'architecte comme responsable en matière de vices de construction ; il est donc considéré comme devant savoir et voir tout ce qui se passe et tout ce qui se fait sur le chantier de la construction, ce qui est profondément absurde.

D'où un résultat juridique déplorable, choquant et d'une injustice flagrante !

Cette conception fausse du rôle de l'architecte est inadmissible et on ne saurait trop la combattre.

Il y a de ce côté trop d'aléas, trop d'éléments inconnus qui entrent en ligne, trop de conséquences désastreuses à redouter, émanant de causes multiples qui échappent forcément au contrôle de l'architecte pour que ce dernier puisse en être considéré comme responsable.

En réalité, il y est totalement étranger.

Si rien d'anormal ne se produisait, si l'entrepreneur exécutait exactement ses travaux conformément aux plans et dessins et suivant toutes les indications des devis et les règles de l'art, aucun vice de construction n'existerait, évidemment, dans l'édifice.

S'il s'en produit, c'est donc que la tâche de l'entrepreneur, en dehors de l'ingérence de l'architecte, a été incomplète ou délictueuse ; soit par manque de surveillance, soit par fraude sur la qualité ou la quantité des matériaux, soit par insuffisance de main-d'œuvre, soit même par sabotage de la part de ses ouvriers.

Or, l'entrepreneur a évidemment intérêt à ne pas se conformer strictement aux conditions de son devis, à substituer des matériaux bon marché à des matériaux chers, à ne pas parachever les ouvrages, à restreindre son personnel ; mais l'architecte, au contraire, n'a aucun profit personnel à attendre de ce côté ; il est chargé de défendre les intérêts du propriétaire, lesquels sont diamétralement opposés à ceux de l'entrepreneur.

On n'aperçoit donc pas, dans tout cela, la faute de l'architecte ; car de mauvais matériaux pourront être mis en œuvre uniquement en son absence, tandis que ceux qu'il a vus sur le chantier étaient bons. Exemple : il pourra y avoir sur le chantier du sable de rivière à l'exclusion du sable de plaine ou tuf, alors qu'habituellement c'est absolument le contraire ; le mortier sera dosé très exactement à l'aide d'une brouette à coffre et suivant les prescriptions du devis descriptif, alors que d'ordinaire le dosage est complètement différent et fait approximativement ; la chaux hydraulique de la marque imposée, placée bien en évidence, sera celle prescrite, mais l'entrepreneur évitera de montrer à l'architecte sa réserve de chaux d'une toute autre qualité ; et ainsi de suite.

Ce ne sera donc qu'en multipliant ses visites inopinées sur le chantier, à des heures variées, que la surveillance sera quelque peu effective, mais encore absolument insuffisante pour empêcher toute possibilité de fraude et de malfaçon.

Quant à un acte de sabotage toujours possible, toujours à craindre, l'entrepreneur lui-même ne saurait l'empêcher, pour la raison bien simple qu'il se produira en son absence. *A fortiori* est-il tout à fait inouï d'en rendre responsable l'architecte ?...

C'est pourtant ce qui arrive fréquemment.

Ne voit-on pas, en effet, souvent des affaissements se produire dans des murs sans qu'on puisse en comprendre la cause, alors que celle-ci réside uniquement dans ce que les maçons appellent *un trou de rats*, c'est-à-dire un vide laissé dans le corps d'un mur par un ouvrier malfaisant ; pour peu que ce vide soit ménagé dans un point d'appui, la solidité de l'édifice est compromise.

Or, en construction, le sabotage est malheureusement assez fréquent, surtout à notre époque de grèves incessantes et d'exaltation syndicale ; il affecte les formes les plus variées et embrasse indistinctement tous les corps d'états.

Dans ces conditions, on conçoit combien la situation d'un architecte devient difficile et même critique, puisque sa réputation et sa fortune sont tout à la fois livrées aux caprices des circonstances et qu'il est rendu responsable de faits qu'il ignore complètement, qui se passent hors de sa présence et qu'il est dans l'impuissance absolue de voir, d'empêcher et de réprimer.

Encore une fois l'architecte ne devrait aucunement être recherché pour faute provenant de vices de construction, sauf naturellement s'il n'avait pas consciencieusement rempli ses devoirs professionnels de direction et de surveillance des travaux.

Tout au plus pourrait-on lui reprocher un défaut de surveillance. Or celle-ci, pour être réellement efficace, devrait être constante, ce qui, dans la pratique est impossible, car on ne peut astreindre un architecte à être constamment présent sur un chantier de construction. Et, d'ailleurs, il suffirait à ce point de vue de quelques instants d'absence de sa part pour qu'il s'y produisît aussitôt une fraude ou une substitution quelconque.

On est, par conséquent, contraint d'admettre qu'en fait la surveillance exercée sur un chantier par l'architecte est à ce point de vue à peu près illusoire : tout ce qu'il y voit peut être préparé et présenté pour les besoins de la cause, en un mot *truqué*.

Cette question a été dénaturée, comme à plaisir, par les juristes ; elle devrait se réduire en somme à une considération pure et simple des faits.

Que se passe-t-il en réalité sur un chantier de construction ? Comment s'y font la police et la surveillance ?

En principe, et aux termes du cahier des charges, la police et la surveillance du chantier sont, il est vrai, réservées à l'architecte, parce qu'il est le chef, le maître de l'œuvre et qu'il est logique de lui donner toute l'autorité nécessaire aux yeux de tous.

Mais, en réalité, la police et la surveillance effectives du chantier sont exercées par les entrepreneurs sur leur personnel respectif. Les visites de l'architecte sur le chantier constituent évidemment un contrôle des plus utiles et offrent un grand intérêt pour la bonne exécution des travaux. Mais, en tant que surveillance efficace, elles sont parfaitement insuffisantes. Voilà le point de vue véritable de la question.

L'architecte ne devrait être rendu responsable que dans la limite de ce qu'il peut connaître, voir, et empêcher.

Voici un exemple juridique qui montrera quels jugements injustes, des juges mal renseignés peuvent rendre en matière de *vices de construction*.

Une maison était construite depuis deux ans; plusieurs de ses planchers s'affaissèrent; le propriétaire assigna aussitôt l'architecte et l'entrepreneur en responsabilité.

Des experts reconnurent que l'accident provenait des entrevous, lesquels avaient été faits en béton par l'entrepreneur et non en scories sèches, comme cela était prescrit par l'architecte : l'humidité enfermée dans les planchers avait rapidement amené la pourriture des solives de bois, d'où l'affaissement s'était produit.

Pour se dégager l'architecte offrit de prouver que la substitution nuisible avait été faite à son insu, par l'entrepreneur, entre deux visites, c'est-à-dire d'une façon clandestine et que la fraude avait été dissimulée par quelques centimètres de scories sèches répandues sur le béton.

Le tribunal rejeta cette offre, affirma la responsabilité

de l'architecte et le condamna (sauf recours contre l'entrepreneur), à réparer directement l'*intégralité du préjudice causé au propriétaire!*

La cour d'appel de Besançon confirma cet inique jugement.

Mais ce n'est pas tout : l'architecte se pourvoit en cassation ; il n'obtient pas plus de succès qu'en appel ; la Cour suprême rejette son pourvoi pour les motifs suivants :

« Lorsqu'il est établi que des malfaçons graves dans les travaux de maçonnerie confiés à un entrepreneur eussent certainement été évitées si l'architecte avait rempli les obligations de direction et de surveillance auxquelles il s'était engagé, la faute du dit architecte subsisterait quand même il serait établi que l'entrepreneur aurait, à son insu, modifié dans l'exécution les plans et devis qu'il avait dressés : il était en effet du devoir de l'architecte de ne pas ignorer ces modifications qui étaient de nature à compromettre la solidité de l'édifice et de s'y opposer.

« L'architecte en qui le propriétaire a placé sa confiance est tenu envers celui-ci des obligations principales qui naissent du contrat de louage ; sa responsabilité ne saurait être subordonnée à celle de l'entrepreneur. »

Que dire d'un tel arrêt?

Vraiment les circonstances de la cause ne se prêtaient guère à de telles conclusions qui laissent subsister l'entière responsabilité de l'architecte dans tous les vices de construction, sauf, bien entendu, s'ils proviennent d'un événement fortuit ou de force majeure, auquel cas le droit commun et aussi le sens commun retrouveraient heureusement leurs prérogatives.

En bonne justice, l'architecte ne devrait être responsable que des vices des matériaux qui sont *apparents* au moment de leur mise en œuvre, car il est de son devoir de les contrôler avec soin, et seulement responsable des malfaçons qu'il était en son pouvoir d'empêcher, par une surveillance plus active ou des ordres plus précis.

Ajoutons que dans une espèce récente la cour d'appel de Rennes a rendu un arrêt (3 juillet 1908) conforme à cette dernière doctrine.

Il est intéressant d'en rappeler les faits :

La dame P. a fait édifier à Nantes quatre maisons, de 1896 à 1901, par son architecte, avec, comme entrepreneur de charpente, le sieur B. qui a fourni tous les bois nécessaires à la construction de ces immeubles.

Les bois fournis étaient atteints d'un champignon, le *Physisporius vaporarius*, (que l'on confond généralement avec le *Merulius lacrymans*) et dès 1900 des désordres graves se produisirent dans un des immeubles, puis successivement dans les autres.

Les premiers experts commis recherchèrent la cause des dégradations d'abord dans la nature ou l'état des matériaux employés, puis dans le mode d'exécution des travaux.

Aucune faute ne fut imputée à l'architecte. Parmi les matériaux examinés, on trouva certains bois échauffés. Le professeur A., consulté, déclara, après examen microscopique des bois, « qu'ils n'étaient creusés d'aucune galerie accusant le passage d'un insecte xylophage et n'étaient pas envahis par les champignons ».

Mme P. ayant fait procéder à une contre-expertise par le professeur C., particulièrement compétent en matière de maladies des bois, celui-ci aboutit à cette conclusion

« que l'échauffement des bois correspondait à une altération ligneuse dont le terme est la pourriture ; cet échauffement n'avait pas pour cause l'humidité, mais des germes mycotiques dont l'humidité pouvait seulement hâter le développement ;... que les bois étaient au moment de leur emploi contaminés par les hyphes et les mycèles d'un physispore, le *Physisporius vaporarius*, parasite d'importance supérieure... et que personne ne pouvait prévoir le terme des dégradations provenant de l'emploi de ces bois, qui auraient dû être refusés, aucune nécessité, aucune urgence, aucun prétexte ne pouvant en justifier l'emploi dans les constructions. »

Mais le tribunal de Nantes, d'abord saisi, ne tint aucun compte de l'avis de l'éminent professeur et, par jugement du 12 juillet 1904, entérina le rapport des experts, débouta la dame P. et la condamna aux dépens. Elle fit appel.

Précisément de nouveaux désordres se produisirent, démentant les conclusions optimistes des premiers experts et donnant raison au professeur C., qui, appelé une seconde fois, persista avec énergie dans ses premières conclusions.

L'affaire vint devant la cour d'appel de Rennes, qui commit trois experts à l'examen des bois.

Le rapport conclut qu'au moment de leur emploi les bois étaient sans aucun doute déjà malades et contaminés.

La cour admit ce point comme acquis ; mais, « faisant état de l'ignorance où étaient les constructeurs en 1896 de certaines maladies des bois dont l'étude commençait à peine à se propager, et que dans l'espèce l'homme de l'art le plus averti pouvait, en 1896, n'être pas au courant du dernier état d'une science qui progresse chaque jour ;

« Considérant en outre que si, en 1896, les bois présentaient une apparence suspecte, cette apparence pouvait cependant n'être pas assez prononcée pour appeler d'une manière spéciale l'attention d'un bon praticien... ;

« Que la dame P. n'a pas fait la preuve des faits... ;

« Que l'architecte et l'entrepreneur déclarent que rien dans l'état du bois n'a attiré leur attention... ;

« Que d'ailleurs le vice du bois a échappé à l'examen attentif de nombreux experts... ;

« Que dès lors il y a lieu de déclarer que les bois employés n'étaient atteints que d'un vice caché et de mettre l'architecte hors de cause... ;

« Considérant, d'autre part, que B. (l'entrepreneur de charpente), malgré sa bonne foi, non incriminée, est responsable des vices cachés des bois qu'il a fournis et des conséquences que ces vices ont occasionnées ;... qu'aux termes de l'article 1646 le vendeur, qui ignorait les vices de la chose, n'est tenu qu'à la restitution du prix et à rembourser à l'acquéreur les frais occasionnés par la suite, etc., etc.

« Par ces motifs, la Cour :

« ... Homologue le rapport des experts, sauf en ce qui concerne le vice du bois..., *dit qu'il n'est pas établi que le vice fût un vice apparent au moment de l'emploi des bois contaminés* et que l'architecte n'a commis aucune faute engageant sa responsabilité, confirme sur ce point le jugement du tribunal de Nantes et déboute la dame P. de ses demandes contre son architecte; mais condamne l'entrepreneur B. comme responsable des vices cachés des bois à payer à la dame P. la somme de 216.519 fr. 75... »

L'importance de cet arrêt n'échappera à aucun constructeur.

Citons, d'autre part, un jugement rendu par le tribunal de la Seine en 1912, en matière d'accident causé par un ascenseur. Voici les circonstances de la cause :

Un ouvrier électricien tomba dans la cage d'un ascenseur qui était en voie d'installation dans un hôtel de la rue Dumont-d'Urville. Il se cassa le pied. En vertu de la loi de 1898, la compagnie d'assurances qui garantissait son patron des risques d'accidents du travail est condamnée à lui servir une rente.

Mais la compagnie d'assurances estimant que les véritables responsables de l'accident étaient le constructeur de l'ascenseur qui, dans la circonstance, aurait négligé de prendre certaines précautions, et les deux architectes du propriétaire, pour n'avoir pas suffisamment surveillé les travaux, s'est retournée contre eux trois, à l'effet de leur réclamer le montant de la rente qu'ils sont obligés de décaisser chaque année pour la remettre à l'électricien accidenté.

Le tribunal, a proclamé seule la responsabilité du constructeur de l'ascenseur *mettant ainsi hors de cause les deux architectes.*

Il a jugé, en effet, que la police des chantiers appartient aux entrepreneurs, et que c'est à eux, non aux architectes, à prendre les mesures nécessaires pour assurer la sécurité des ouvriers.

Ce jugement consacre ce que nous avons soutenu plus haut :

1° La responsabilité seule, en fait, de l'entrepreneur ;

2° Que la police des chantiers appartient effectivement à l'entrepreneur.

Il est à souhaiter de voir se généraliser cette équitable doctrine.

2° RESPONSABILITÉ DE L'ENTREPRENEUR

Lorsqu'un entrepreneur signe un marché pour la construction d'une maison quelconque, il y prend l'engagement formel :

1° De se conformer strictement aux plans, dessins et devis, établis par M. X..., architecte, sans pouvoir y rien changer, à moins d'une autorisation expresse ;

2° De fournir les matériaux et la main-d'œuvre et faire le nécessaire pour réaliser l'œuvre conçue, et ce, dans le délai prévu ;

3° D'exécuter son travail avec toute la perfection possible, suivant les indications du devis descriptif et, d'une façon générale, suivant les usages du bâtiment et les règles de l'art.

En résumé donc l'entrepreneur d'une construction s'engage à édifier celle-ci d'une façon irréprochable, tant au point de vue des convenances et du fini qu'au point de vue de la solidité.

Une œuvre qui ne répond pas à ce *desideratum* est forcément imparfaite, sinon défectueuse ; le propriétaire n'est pas tenu de la recevoir et d'en prendre possession.

Mais le refus de prendre possession ne s'explique que lorsqu'il y a des vices de construction très apparents, ce qui n'est pas le cas le plus fréquent.

Le fait, par un propriétaire, d'emménager dans sa maison nouvelle, n'exclut d'ailleurs aucunement la responsabilité des constructeurs, sauf en ce qui concerne certains ouvrages de minime importance tels que les portes et croisées manquant de jeu ou en ayant trop, les articles de quincaillerie, la vitrerie, etc., car l'usage veut que, pour ces divers menus ouvrages, la prise de possession décharge l'entrepreneur de toute responsabilité ultérieure.

Les juristes ont assez généralement admis deux catégories de vices de construction :

Ceux provenant de matériaux défectueux ;

Ceux provenant du mauvais emploi des matériaux.

En pratique, la question est plus complexe.

Les cas de vices de constructions, engageant directement la responsabilité des entrepreneurs, sont assez nombreux ; mais il peuvent tous entrer dans l'une des catégories suivantes :

1° Inobservation des plans, dessins ou devis ;

2° Fourniture de matériaux défectueux ;

3° Substitution en fraude d'un matériau à un autre ;

4° Malfaçons diverses.

Chacune de ces catégories engage, à un degré différent, la responsabilité de l'entrepreneur, suivant qu'il y a eu, ou non, intention frauduleuse de sa part ou de la part de ses commis ou ouvriers dont il répond comme de lui-même.

L'*inobservation des plans, dessins* ou *devis* peut, en fait, offrir peu de gravité au point de vue légal, d'abord parce qu'il peut y avoir eu simplement erreur involontaire de l'entrepreneur ; ensuite, cette erreur elle-même peut ne pas être préjudiciable au propriétaire ; par exemple : un cabinet de toilette est fait de 1^m,30 de largeur au lieu de 1^m,35 (cote portée au plan) ; l'axe d'une cheminée est placé à 1^m,50 au lieu de 1^m,60 d'une baie, etc.

On pourrait citer d'autres exemples, cependant, où

l'inobservation des plans est voulue par l'entrepreneur afin de s'éviter un travail parfois considérable ; tel est le cas d'une porte principale dont les dessins indiqueraient des embrèvements à tous les assemblages, alors qu'il n'en serait fait que quelques-uns par l'entrepreneur.

D'autre part, on pourrait objecter qu'au moment de l'exécution, l'architecte aurait dû s'apercevoir de l'erreur commise et la faire réparer aussitôt, l'entrepreneur eût-il dû démolir une partie de ses ouvrages défectueux. Cela cependant, n'est pas toujours possible, et notamment dans le cas d'ouvrages de menuiserie dont les assemblages sont cachés.

Mais généralement l'inobservation des plans est plutôt le fait d'une erreur de l'entrepreneur qu'un acte réfléchi impliquant l'intention de ne pas se conformer aux plans et dessins, dans un but quelconque.

Il est évident que si la modification introduite par l'entrepreneur s'expliquait par l'intérêt qu'il pouvait avoir à éviter une difficulté quelconque d'exécution, l'erreur commise deviendrait une faute réelle d'une certaine gravité.

Ce serait précisément le cas, s'il y avait *inobservation du devis descriptif*, et que l'entrepreneur eût évité d'observer les prescriptions qu'il renferme, notamment pour ce qui a trait à la qualité, à la quantité et à la provenance des matériaux, parce qu'il était manifestement de son intérêt d'agir ainsi.

Tel serait le cas, par exemple, si l'entrepreneur avait dosé le mortier à raison de 1 partie de chaux pour 3 de sable au lieu de 2 de sable, etc...

La *fourniture de matériaux défectueux* révèle le plus souvent une intention de fraude bien caractérisée ; toutefois, dans certains cas, l'entrepreneur lui-même peut être trompé par les apparences ; tel serait le cas, par exemple, pour la mise en œuvre de bois renfermant des germes de champignons ou des insectes destructeurs, dont aucun indice extérieur ne décelait la présence, ou encore des pièces de fer ou de fonte contenant des pailles, etc.

Ces défectuosités cachées seraient évidemment, pour les bois et pour les fers employés, des causes certaines de détérioration prochaine et même de rupture, susceptibles de produire quelque accident, sinon quelque catastrophe. Pourtant la responsabilité des constructeurs : architecte et entrepreneur, devrait équitablement être mise hors de cause ou réduite au strict minimum, le vice des matériaux n'étant pas apparent, ce qui exclut toute intention frauduleuse de la part de l'entrepreneur et toute négligence ou complicité coupable dans le contrôle de la part de l'architecte.

Néanmoins, sauf quelques rares exceptions, et entre autres l'arrêt de la cour de Rennes cité plus haut, l'opinion des juges semble sur ce point ne s'être orientée que dans une seule voie : celle du préjudice causé au propriétaire !

Ce préjudice, les juges veulent absolument qu'il ne soit supporté que par les constructeurs.

Pourquoi ? Cette doctrine est-elle vraiment rationnelle et juste et n'y aurait-il pas lieu, dans le cas d'un vice de matériau caché occasionnant des dégâts, de les faire supporter aussi, dans une certaine mesure, par le propriétaire ?

N'est-ce pas vraiment exiger plus que de raison que prétendre obtenir des constructeurs, des choses dépassant leurs possibilités ? et n'est-il pas exorbitant de leur faire supporter entièrement les conséquences d'un accident de ce genre qu'il n'était pas en leur pouvoir de prévoir et d'empêcher?

N'est-on pas ici en présence de faits ayant une très grande analogie avec les cas fortuits et de force majeure qui établissent une dérogation complète au régime de nos lois?

Exemple : la substitution de parquets en sapin blanc à des parquets en sapin rouge prévus au devis (certains sapins blancs étant très peu différents d'aspect des sapins rouges, la substitution est tentée souvent, car les prix sont très différents).

Autre exemple vraiment typique :

Le 28 juillet 1911, au cours d'un violent cyclone, un hangar en construction dans une usine de Grand-Quevilly s'effondrait sous la violence du vent ; l'entrepreneur, M. B., d'Elbeuf, et neuf ouvriers qui travaillaient sur la toiture, trouvèrent la mort dans cet accident.

Les familles des victimes ont, dans la suite, réclamé contre Mme B., veuve de l'entrepreneur, l'application de la loi de 1898 sur les accidents de travail. Mme B. fit soutenir, quand l'affaire vint devant le tribunal de Rouen, qu'on ne se trouvait pas en présence d'un accident provoqué par le travail, mais d'un accident causé par le jeu des forces de la nature. *Le tribunal lui donna tort*, et la condamna à payer diverses allocations et pensions.

Sur appel de Mme B., la cour de Rouen vient de confirmer la décision des premiers juges. Son arrêt dit, notamment : « qu'il n'est pas nécessaire de rechercher s'il existait dans le hangar un défaut de construction. Il suffit de constater que cet édifice était en cours d'achèvement et que cet état critique était tel qu'il ne présentait pas les conditions nécessaires de stabilité définitive. Cet état a aggravé les forces de la nature. Mme B. doit donc être tenue pour responsable des accidents survenus dans le cours du travail exécuté sur le bâtiment par ses ouvriers. »

Lorsque au contraire il y a *substitution d'un matériau à un autre*, l'intention de fraude de l'entrepreneur est indéniable et, à moins d'adhésion tacite ou de connivence de l'architecte, la responsabilité civile de l'entrepreneur est ici complète, sans aucune atténuation possible, aussi bien quant au préjudice financier directement causé au propriétaire en substituant un matériau bon marché à un autre plus cher, que quant au dommage que peut occasionner, par la suite, ce matériau moins résistant, s'il est la cause d'une détérioration et d'un dépérissement plus rapide de l'œuvre.

La quatrième catégorie des vices de construction comprend enfin *les malfaçons diverses*.

Celles-ci peuvent être involontaires ou volontaires, soit du fait de l'entrepreneur lui-même par les ordres qu'il aura donnés, soit du fait de ses commis ou ouvriers.

Dans ces diverses hypothèses, il sera naturellement responsable, mais avec une graduation très sensible.

Les malfaçons fussent-elles même complètement dissimulées, ainsi que nous l'avons envisagé dans le cas d'un sabotage (trou de rats laissé dans un mur), et inconnues de l'entrepreneur, la responsabilité de ce dernier n'en subsisterait pas moins complètement, car on pourrait prétendre, en pareil cas, qu'une surveillance plus étroite des ouvriers eût pu empêcher cet acte de sabotage.

Les malfaçons peuvent affecter un caractère très différent. Certaines malfaçons peuvent avoir des conséquences graves et compromettre la sécurité de la construction, d'autres ne nuisent qu'à l'esthétique et au bon aspect de l'œuvre.

Quelles qu'elles soient, on aperçoit toujours la responsabilité de l'entrepreneur engagée, avec circonstances aggravantes ou atténuantes ; mais on n'aperçoit nullement celle de l'architecte qui ne figure en fait, dans la cause, que très subsidiairement.

Il arrive parfois que l'entrepreneur lui-même a été trompé par son fournisseur sur la qualité d'un matériau, comme cela a été le cas dans l'affaire de Rennes dont il vient d'être parlé ; en ce cas il appartient à l'entrepreneur lésé de poursuivre le fournisseur coupable ; mais lui seul reste responsable, aux yeux de la loi, à l'égard du propriétaire.

VIII

Jugements divers sur les vices de construction

Voici un certain nombre d'affaires où ont été mis en cause les constructeurs et où leur responsabilité a été retenue en raison du *vice de construction* relevé à leur charge. Mais on remarquera que, dans divers cas, c'est dans un sens générique qu'a été employée l'expression *vice de construction*, car il s'agit plutôt d'un vice du plan.

Il a été jugé que la faute de vice de construction résidait :

Dans la chute d'un pilier qui menaçait ruine lors de la confection des travaux (Cassation, 10 février 1835) ;

Dans des lézardes et inclinaisons (même arrêt);

Dans l'emploi du zinc pour la confection de tuyaux destinés à des conduites d'eau, alors qu'il est reconnu que cet emploi est défectueux (Toulouse, 19 février 1866);

Dans l'insuffisante profondeur d'une tranchée creusée pour recevoir les tuyaux (conseil de préfecture de la Seine, 17 janvier 1868);

Dans le défaut de sondage des murs anciens, alors qu'il s'agissait de les surélever et qu'on avait pu ainsi s'assurer de leur solidité (tribunal de la Seine, 13 mars 1874);

Dans l'emploi de ciment de mauvaise qualité, pour l'encastrement des tuyaux d'eau (Conseil d'État, 20 août 1874);

Dans l'écroulement d'un mur de soutènement (Conseil d'État, 10 novembre 1882);

Dans une insuffisance de fondations qui vait entraîné des lézardes (Paris, 21 juillet 1875);

Dans la descente insuffisante des fondations d'un pont (Conseil d'État, 5 février 1857);

Dans l'écrasement des points d'appui d'un rez-de-chaussée supportant les six étages d'une maison, écrasement qui avait fait fléchir les murs de fondation, enfoncer la voûte des caves et amené un second danger d'écroulement (tribunal de la Seine, 18 juillet 1873);

Dans l'insuffisance d'épaisseur des murs qui les avait rendus impropres à asseoir une construction mitoyenne (tribunal de la Seine, 18 juillet 1873);

Dans un défaut d'étaiement (Cassation, 23 mars 1874);

Dans le placement à faux d'une porte dans une cave de façon à compromettre la solidité de l'édifice (Bourges, 13 août 1841);

Dans la fourniture de parquets posés sur un sol trop humide sans avoir pris soin d'établir aucune assiette de béton ou de bitume (Conseil d'État, 11 mai 1870);

Dans la ruine d'une couverture en fer soutenue par des arbalétriers insuffisants et l'omission d'épreuves destinées à s'assurer de leur solidité (Conseil d'État, 19 juillet 1871);

Dans la ruine d'un escalier et le fléchissement de plusieurs planches entraînant avec eux les cloisons qu'ils soutiennent (Cassation, 1ᵉʳ décembre 1868);

Dans l'emploi de matériaux de mauvaise qualité (tribunal de la Seine, 18 juillet 1875 et 19 février 1882);

Spécialement de bois neufs non flottés, ou encore revêtus de leur aubier, ou qui, faute d'une siccité suffisante, sont susceptibles de se détériorer par leur contact avec la chaux, dans un mur (Paris, 28 décembre 1871; Pau, 29 juillet 1879);

Ou de bois impropre à toute construction de durée (Paris, 12 mai 1874);

Ou déjà pourris (Paris, 16 février 1876);

Ou mal équarris (Paris, 18 avril 1879);

Ou trop faibles pour supporter le bâtiment : tels que des pilotis de hêtre pour une maison (Conseil d'État, 23 mars 1877);

Dans l'emploi d'une carcasse de bois pour supporter un escalier en marbre (Cassation, 24 novembre 1876);

Ou d'une poutre destinée à supporter une terrasse et d'une force insuffisante pour cet usage (Paris, 18 mars 1878);

Dans l'emploi de solives d'une hauteur insuffisante et trop espacées entre elles, à raison de leur portée et du poids qu'elles étaient destinées à supporter (Conseil d'État, 15 janvier 1886);

Ou de pierres défectueuses (Conseil d'État, 20 août 1874);

De moellons mal taillés et mal posés (Lyon, 26 mai 1883);

Dans l'emploi de vieux murs dans une construction et que l'architecte s'était borné à recouvrir d'un nouvel enduit sans qu'il eût été procédé au rejointoiement des anciens moellons (Orléans, 24 août 1881);

Dans le placement des cheminées contre des pièces de bois, dans des conditions telles qu'il y ait un danger permanent d'incendie (Cassation, 24 janvier 1876);

Ou une atteinte portée à la solidité des murs par le fait même de leur multiplicité (tribunal de la Seine, 23 décembre 1875);

Dans les marches d'escaliers ayant moins de $0^m,25$ de largeur sur une *ligne de foulée* passant à $0^m,40$ de la rampe (tribunal de paix, Paris, octobre 1911).

Il a été, en outre, jugé :

Que si les vices de construction ne sont que le résultat d'une erreur commune (par exemple : l'usage du zinc pour une conduite d'eau à une époque où le zinc était communément employé pour la construction des tuyaux destinés à cet usage), l'architecte doit être soumis à responsabilité (Toulouse, 19 février 1836);

Que la garantie doit cesser lorsque les désordres qui se sont manifestés dans l'édifice proviennent non pas de ce que l'édifice aurait été établi sur un sol dont l'architecte et l'entrepreneur, à raison de leur profession, étaient obligés de connaître les vices; mais de ce que, dans le voisinage de la construction, il se trouvait à une profondeur plus grande que celle du banc de roche (12 mètres) d'anciennes carrières et excavations dont rien n'avait pu révéler l'existence aux hommes de l'art (Paris, 29 avril 1864);

Qu'il faut en dire autant du cas où les désordres proviennent du défaut d'entretien de l'édifice construit ou d'un entretien incomplet (Conseil d'Etat, 25 juillet 1872, 12 mars 1875, 23 juin 1882).

1° OBSERVATIONS RELATIVES A L'ARCHITECTE

Aucune responsabilité ne serait encourue par l'architecte, s'il y avait la preuve d'un CAS FORFUIT OU D'UN ÉVÉNEMENT DE FORCE MAJEURE, *exclusif de toute idée de faute de sa part;* exemple : un mur écroulé par suite d'une crue extraordinaire, défiant toutes les prévisions.

Il a été jugé :

Que l'architecte ne peut s'affranchir de sa responsabilité décennale, ni par une clause de son engagement avec le propriétaire, ni par la réception de travaux par celui-ci, ni même par la renonciation à ses honoraires ou par leur remboursement ;

Qu'un architecte ayant seulement fourni les plans, sans recevoir les matériaux, n'encourt aucune responsabilité si l'édifice périt par un vice caché de ces matériaux (Paris, 3 mars 1843).

Il faudrait supposer dans ce cas, naturellement, qu'une clause de son contrat avec le propriétaire ou qu'une clause du cahier des charges dispense l'architecte de la réception des matériaux de construction, qu'il est normalement tenu de faire.

La responsabilité subsisterait, pour l'architecte, au cas où il aurait agi suivant les ordres, les plans et les indications du propriétaire (Bourges, 13 août 1841 ; Aix, 16 janvier 1858).

L'architecte serait responsable, même s'il signalait les

vices de construction au propriétaire, mais passait outre sur la demande de ce dernier; car son devoir, en ce cas, serait de se retirer immédiatement, en faisant constater son refus de continuer à diriger les travaux, dans ces conditions.

Un propriétaire ayant approuvé les plans d'un architecte, serait mal fondé à attaquer ensuite celui-ci, pour lui avoir édifié une maison ne répondant pas à ses intentions (tribunal de la Seine, 7 mai 1868).

Même observation pour le cas où un propriétaire n'aurait voulu bâtir qu'une construction de durée restreinte.

Au cas où le propriétaire construirait légèrement, et ferait employer de vieux matériaux, la responsabilité générale de la construction serait répartie entre le propriétaire, l'architecte et l'entrepreneur (Cassation, 1er décembre 1868).

D'une façon générale, il est admis que le *délai pour la garantie décennale des constructions* commence à courir du jour de la réception définitive des travaux par le propriétaire. L'article 1792, qui rend les architectes responsables pendant dix ans des édifices qu'ils font construire, ne se rapporte qu'aux édifices contruits *à prix fait* (Cassation, 12 novembre 1844, 15 juin 1863).

Il suit de là que, lorsque des édifices n'ont pas été construits par des architectes à prix fait, cet article ne leur est pas applicable (Cassation, 12 novembre 1844).

(Or, nous l'avons dit plus haut, les architectes modernes ne construisent jamais *à prix fait* ou alors ils deviennent des entrepreneurs généraux ; donc l'article 1792, suivant la Cour de Cassation elle-même, ne leur est pas applicable !)

Ajoutons que le règlement des mémoires d'un entrepreneur fait par l'architecte ne doit être considéré que comme une appréciation, un simple avis, une consultation qu'il donne au propriétaire, et que ce dernier est libre de ne pas suivre (tribunal civil de Versailles, 8 mai 1890) ; or, il est de règle qu'une consultation ne donne lieu à responsabilité que si elle a été viciée par la fraude ou la collusion ou par des défauts d'attention ou des erreurs matérielles constituant des fautes.

Mais il n'y aurait pas lieu, pour l'architecte, à réparation civile par cela seul que le règlement dressé par lui a été modifié par un autre architecte (même jugement).

2° OBSERVATIONS RELATIVES A L'ENTREPRENEUR.

Il a été jugé que l'entrepreneur reste responsable de tous les matériaux fournis par lui, si la perte de la chose a eu lieu avant sa livraison, et de quelque manière que ce soit, même pour tout autre vice que celui du sol.

Cette responsabilité s'étend même au cas où un entrepreneur se charge de construire tout ou partie d'une maison, bien que les matériaux aient été fournis par le propriétaire (Aix, 18 janvier 1841).

Mais, comme il a été dit, l'intervention du propriétaire, *qui constitue une faute à la charge de celui-ci*, doit atténuer la responsabilité des constructeurs. Ce serait le cas notamment si, postérieurement aux travaux exécutés par ces derniers le propriétaire en faisait faire d'autres qui occasionneraient l'écroulement de la construction.

Le *délai de garantie décennale* commence à courir du

jour de la réception des travaux par le propriétaire (comme pour l'architecte).

La *réception des travaux* se fait de diverses façons :

a) Par un procès-verbal ; *b*) tacitement par l'occupation effective des lieux ; *c*) par le règlement des honoraires et des mémoires, et l'acceptation des clés.

Au cas de refus, par le propriétaire, de recevoir les travaux, l'architecte et l'entrepreneur le mettront en demeure ; la *date* de cette *mise en demeure* sera le point de départ du délai décennal.

IX

Prescription de l'action en garantie

La garantie des constructeurs étant fixée à dix ans, quand peut être prescrite l'action en garantie ?

Peu de questions juridiques ont donné lieu à plus de polémiques que celle-ci. Beaucoup d'auteurs auraient voulu que cette action qui ne peut prendre naissance qu'à l'occasion d'un vice constaté dans la construction, dans le délai de dix ans à partir de la réception des travaux, fût régie par le droit commun, c'est-à-dire se prescrive par trente ans à dater du jour où le vice a été constaté.

Un seul arrêt (Cassation, 5 août 1879) soutint cette thèse. Il a été admis que l'action en garantie devait se confondre comme durée avec l'obligation de garantie elle-même, et qu'au bout de dix ans les constructeurs sont à l'abri de toute poursuite. Ainsi l'a décidé l'arrêt de la Cour de Cassation (toutes chambres réunies) du 2 août 1882 qui fait maintenant autorité.

X
La garantie des constructeurs et les législations étrangères

Les législations étrangères n'offrent aucune solution bien remarquable en cette matière.

L'*Angleterre* et la *Russie* n'ont aucune disposition spéciale aux constructeurs.

La *Belgique* a conservé, sur ce point, le code français.

L'*Italie* et les *Pays-Bas* ont une législation à peu près semblable à la nôtre.

L'*Espagne* considère le contrat passé entre un propriétaire et un architecte ou un entrepreneur comme un simple *louage* lorsqu'il ne s'agit que d'un travail de construction, ou comme participant au *louage* et à la *vente* s'il y a fourniture du terrain ou des matériaux.

Au cas de maison faite à forfait, s'il y a ruine de l'édifice :

Avant la réception des travaux, tout reste à la charge des constructeurs ; après la réception, tout reste à la charge de l'acquéreur.

Au cas d'une construction ordinaire (sans forfait), l'architecte et l'entrepreneur restent responsables des vices, sauf cas fortuit.

Le *Portugal* a une législation spéciale pour la responsabilité des constructeurs.

Si l'entrepreneur s'est engagé à fournir travail et matériaux : tous les risques lui incombent jusqu'à la livraison de l'œuvre ; s'il ne fournit que son travail, les risques sont pour le propriétaire, sauf s'il y a eu emploi de mauvais matériaux de ce dernier sans le prévenir.

La durée de responsabilité d'un entrepreneur est de 5 ans.

En *Prusse*, la loi établit une présomption de faute contre l'architecte si la construction s'écroule ou se détériore avant sa livraison, sauf cas fortuit ou vice impossible à prévoir et à empêcher ; dans ce dernier cas, c'est le propriétaire qui supporte la perte.

Dès que la construction a été acceptée par le propriétaire, l'architecte n'en reste responsable que pendant trois ans (à partir de sa réception) pour vices imputables à la manière de construire et à l'inobservation des règles de l'art ; mais s'il s'agit de vices provenant de la mauvaise qualité des matériaux, l'architecte et l'entrepreneur peuvent être recherchés pendant trente ans.

La *Suisse* enfin admet la réciprocité des risques entre le propriétaire et l'architecte. Lorsque la construction périt avant sa livraison : Si c'est par cas fortuit, l'entrepreneur ne peut réclamer ni le prix de son travail, ni le remboursement de ses dépenses. Mais si l'œuvre périt par *vice* des matériaux fournis par le propriétaire, dûment averti par l'entrepreneur, celui-ci est en droit de réclamer le prix de son travail.

Enfin si, par cas fortuit, l'exécution de la construction est rendue impossible, l'entrepreneur peut se faire payer son travail et ses dépenses.

Dès que la maison est livrée et acceptée, l'entrepreneur se trouve déchargé complètement de toute responsabilité, sauf pour ce qui concerne les vices cachés dont l'action se prescrit en cinq ans à partir de la réception.

En général, les architectes restent soumis à la législation cantonale qui a pour base le régime du droit commun, sauf dans les cantons de Genève et du Jura bernois qui ont encore l'ancienne législation française.

CHAPITRE IV

DE L'ASSURANCE
CONTRE LES RISQUES PROFESSIONNELS

I

Comment s'assurer

La responsabilité civile des constructeurs, et en particulier celle de l'architecte, est, comme on vient de le voir, excessivement étendue, puisqu'elle embrasse les cas les plus divers qui puissent se présenter, en matière de construction. Sa durée de dix années contribue à en faire une charge vraiment écrasante.

C'est, comme nous l'avons dit, une *épée de Damoclès* toujours suspendue sur la tête des architectes, lesquels sont constamment à la merci d'un événement imprévu, pouvant leur amener la ruine et peut-être le discrédit.

Le seul remède à cette déplorable situation semble être l'ASSURANCE ; et ce moyen est généralement admis par la plupart des intéressés, bien que le principe en ait été fort discuté par certains d'entre eux, apercevant tout d'abord dans cette question d'assurance une *question de moralité* et craignant de voir surtout s'assurer les confrères ne présentant pas toutes les garanties de connaissances professionnelles nécessaires, alors que les architectes capables s'en dispenseraient.

Mais cet argument, très sensé en soi, tombe devant l'analyse des faits qui mettent en cause journellement les praticiens les plus expérimentés.

Au point de vue général, si dans ce cas l'assurance des risques professionnels devait être une menace de danger, nombreux sont les exemples où ce danger est plus tangible encore. Il suffit de citer l'assurance des cochers et conducteurs de voitures, qui choque le bon sens et paraît un défi à la Justice.

Quoi qu'il en soit, et le principe de l'assurance étant admis, sous quelle forme exacte doit-on réaliser cette assurance ? quelle devra être la *matière assurable ?* quelle devra être la prime ? enfin quelle durée conviendra-t-il d'admettre ? Tels sont les points de vue actuels de cette grave question, qui préoccupe à juste titre toutes les Sociétés d'architectes français et notamment l'*Association Provinciale* et la *Société Centrale*.

Ces Sociétés, après avoir favorablement accueilli l'idée d'une assurance, se sont livrées à de nombreuses études et à d'innombrables discussions, au sein de leurs réunions ou à l'occasion des congrès annuels, et ont nommé plusieurs commissions, sans que cette question ait encore été résolue, croyons-nous, d'une façon définitive.

II

Assurance mutuelle ou à primes fixes

Deux systèmes d'assurances sont en présence :

Certains architectes préconisent le système de l'*assurance mutuelle* où l'assuré resterait son propre assureur pour une fraction à déterminer, ce qu'on nomme le *risque d'avarie*. Beaucoup d'autres préfèrent l'assurance libre à prime fixe, par des Sociétés d'assurances.

Mais quel que soit le système adopté, sur quelles bases asseoir l'assurance ?

1° QUELLE SERA LA NATURE DU RISQUE, LA MATIÈRE ASSURABLE ?

Ce sera, naturellement, *l'ensemble des conséquences de la responsabilité décennale*, telle qu'elle résulte de la loi, des règlements et de la jurisprudence établie.

Les risques inhérents à la profession d'architecte ne peuvent donc comprendre seulement ceux des travaux en cours pendant la dernière année, mais doivent comprendre, de plus, ceux des travaux exécutés pendant les neuf années précédentes.

Or, on voit d'ici les objections : l'importance des affaires peut être excessivement variable, pour un architecte, au cours d'une période aussi longue ! Il peut n'avoir fait qu'un chiffre d'affaires infime il y a dix ans, et en faire un très gros aujourd'hui, et *vice versa !*

La détermination de l'importance du risque, c'est-à-dire de la *matière assurable*, présente donc une réelle difficulté, dans la pratique.

2° QUEL SERA LE MONTANT DE LA PRIME ?

Le chiffre de la prime est également très difficile à déterminer, étant donné l'immense aléa que présente la responsabilité même de l'architecte, soumise à des éventualités véritablement exceptionnelles, parce qu'elle vise trois catégories bien différentes de faits :

a) La perte des ouvrages exécutés ;

b) Les accidents du travail (concernant à la fois l'architecte et ses commis) ;

c) La réparation du préjudice et des accidents causés aux tiers.

3° QUELLE SERA LA DURÉE DE L'ASSURANCE ?

La durée de l'assurance est moins discutable.

Car pour couvrir complètement l'architecte contre la responsabilité qui pèse sur lui, la durée de l'assurance doit nécessairement être de dix ans.

Mais, au point de vue du paiement de l'assurance, il pourrait y avoir versement, en une seule fois (l'année d'exécution des travaux), d'une prime comportant l'assurance des ouvrages pendant dix années, ou le paiement échelonné par année en dix primes.

QUELQUES CHIFFRES

M. Gouault, architecte, qui a tout particulièrement étudié cette question et pris l'avis de quelques personnes expertes, est arrivé à cette conclusion qu'on pourrait, sans aucune exagération, imposer à l'architecte *une prime totale de un pour mille de la valeur des travaux exécutés*.

Cette prime correspond à 2 p. 100 du chiffre des honoraires d'une année et à 2 p. 1000 de ces mêmes honoraires répartis sur une période de dix années.

Supposons, par exemple, que la somme de 500.000 francs représente (en moyenne) le montant des travaux exécutés annuellement par un architecte.

Les honoraires afférents à 500.000 francs de travaux étant de 25.000 francs, il paiera donc : 2 0/0 de ces honoraires pour cette année, soit.................................... 50 fr.
Plus 9 fois 50 francs pour les travaux exécutés sous sa responsabilité au cours des 9 années précédentes, soit.... 450 »
Ensemble.................................... 500 fr.

Ce qui revient, comme on voit, à dire que la prime totale est égale à 2 0/0 *du chiffre des honoraires annuels*, pourcentage qui n'a rien d'exagéré.

Enfin, sur l'initiative de M. Gouault, un questionnaire a été adressé aux diverses sociétés d'architectes (en majorité favorables) et un projet de statuts a été présenté au nom de la commission spéciale par M. Cahuzac, son président.

Ces statuts seraient communs aux diverses sociétés d'assurances mutuelles qui se constitueraient au sein des sociétés régionales d'architectes de France et des colonies, sous le titre générique :

« *La Mutuelle des architectes.* »

III

La Caisse de Défense mutuelle

Il existe bien actuellement une mutuelle fonctionnant avec le concours de la Société centrale des architectes ; mais elle a un tout autre objet que celui de l'assurance contre les risques professionnels.

La Caisse de Défense mutuelle vise uniquement à intervenir au moment où surgissent pour l'architecte des difficultés ou un procès ; elle prête alors son concours moral et financier à l'intéressé et défend ses intérêts professionnels.

C'est là, évidemment, une aide efficace et précieuse, mais très différente de celle envisagée plus haut.

IV

Compagnies qui assurent les risques professionnels des architectes

Ajoutons enfin, pour terminer, qu'il existe à Paris au moins deux compagnies d'assurances qui assurent les architectes contre les accidents et la responsabilité civile, telle qu'elle résulte des articles 1382, 1383, 1792 et 2270 du Code civil, et 7 de la loi du 9 avril 1898, modifiée par celle du 22 mars 1902.

Ces Compagnies sont la *Zurich* et l'*Occident*.

Elles prétendent avoir résolu le difficile problème de la responsabilité décennale des architectes.

Nous laissons à nos confrères le soin de s'en rendre compte eux-mêmes, ne voulant, on le comprend, discuter ici ni les polices ni les tarifs de ces compagnies d'assurances, ce qui nous ferait sortir du programme que nous nous sommes imposé en écrivant ce petit livre.

TABLE DES MATIÈRES

CHAPITRE IV

De l'assurance contre les risques professionnels

Tours. — Imprimerie Deslis Frères et Cⁱᵉ.

Législation du bâtiment, par L. COURCELLE, avocat, et J. LEMAITRE, licencié en droit. In-16 12 × 18 et de 1.000 p., avec 184 fig. Rel. souple.................... .... **15 fr.**

Origine et évolution de la propriété. Critique de la propriété. Sa légitimité. Régime actuel de la propriété en France et plus spécialement de la propriété foncière. Copropriété. Droits de jouissance. Servitudes foncières. Servitudes légales. Servitudes conventionnelles. Servitudes administratives. Alignement. Expropriation. Exécution des travaux publics. Pavage. Trottoirs. Contrats auxquels donne lieu la construction. Contrats entre le propriétaire et l'architecte, entre l'entrepreneur et le propriétaire. Responsabilités. Devis dépassés. Honoraires. Privilège des architectes, entrepreneurs et ouvriers. Action directe. Police de la construction. Réglementation de la construction. Constructions salubres. Etablissements incommodes, insalubres ou dangereux. Habitations à bon marché. Propriété au point de vue fiscal. Impôts directs ou assimilés. Impôts indirects. Lois, décrets, ordonnances, règlements, etc., relatifs à la construction et aux questions connexes.

Des difficultés entre propriétaires et locataires, par Emile GUILLOT, archit. In-8° 14 × 22 de xiv-196 p....... **3 fr. 50**

Les locations. Le bail. Obligations du propriétaire. Obligations du locataire. De la jouissance des lieux. Poursuite à défaut de paiement. Louage des maisons et appartements meublés. Le concierge. Appendice.

Comment construire une villa. — *La construction à la portée de tous,* par Emile GUILLOT, architecte. In-8° 13 × 21 de vi-510 pages, avec 445 figures et planches.................... **8 fr.**

L'architecture. Notions générales utiles aux constructeurs. Eaux. Vidange. Chauffage. Éclairage. Électricité. Contributions. Assurances. Restrictions au droit de propriété. Formalités pour construire. Locations par baux écrits. Matériaux de construction. Maçonnerie. Serrurerie. Couverture. Zingage et plomberie. Charpente et menuiserie. Peinture, vitrerie et tenture. Étude de divers ouvrages. Le projet de construction. Choix d'un terrain. Étude graphique du projet. Contrôle des travaux. Exécution du projet. Le chantier. Le jardin. Terminaison des travaux. Réception des travaux. Responsabilité de l'architecte et de l'entrepreneur. Manière de procéder pour construire, même sans argent.

Édifices publics pour villes et villages, par Émile GUILLOT, architecte, expert près les tribunaux. In-16 12 × 18 de 784 pages, avec 615 figures. Reliure souple.................... **18 fr.**

Édifices relatifs à l'instruction publique. Édifices administratifs et d'utilité publique. Etablissements hospitaliers et d'assistance. Édifices militaires. Édifices religieux. Édifices commémoratifs ou funéraires. Edicules divers.

Habitations à bon marché. *Éléments de construction moderne,* par G. FRANCHE, ingénieur-architecte (A. M., E. C. P.). 2e édition. In-16 13 × 20 de 600 pages, avec 657 figures. Broché, 10 fr. ; cartonné...................... **11 fr. 25**

Considérations historiques, sociales, etc. 20 monographies d'habitations bâties. Lois. Documents administratifs. *Éléments de construction moderne :* Matériaux. *Construction. Emploi des matériaux.* Terrassements. Maçonnerie. Charpente. Couverture. Serrurerie. Quincaillerie. Menuiserie. Peinture. Canalisation et plomberie. Index alphabétique (environ 900 rubriques). *Suppléments :* Matériaux agglomérés. Documents.

Pratique de l'art de construire. Maçonnerie et terrassements, charpente, couverture et autres travaux de bâtiments. Matériaux et calculs de résistance. Estimation des travaux, par J. CLAUDEL, ingénieur civil, et LAROQUE, entrepreneur de travaux publics.

7ᵉ édition complètement refondue sous la direction de Georges Dariès, ingénieur de la ville de Paris. In-8° 14 × 22 de xxx-1.300 p., avec 1.162 figures. Broché, 22 fr. ; cartonné............. **24 fr.**

Travaux publics. Entrepreneurs. Clauses et conditions générales imposées aux entrepreneurs. Adjudications et marchés. Entreprises. Matériaux employés dans les constructions. Résistance des matériaux. Outils et appareils. Terrassements. Maçonneries. Ouvrages généraux. Tracé. Implantation. Voûtes. Constructions en béton armé. Architecture proprement dite et gros ouvrages. Travaux en plâtre ou légers ouvrages. Charpente. Menuiserie. Planchers. Combles. Escaliers. Serrurerie. Pavages. Couverture. Chauffage et ventilation. Peinture et vitrerie. Hydraulique. Assainissement, tuyauterie. Règlements et documents divers, etc.

Agenda Dunod : Bâtiment, par E. Aucamus. 34ᵉ édition. In-12 10 × 15 de xxxii-300 pages, plus pages blanches, avec nombreuses figures. Rel. de luxe en peau souple, tr. brunies.. **3 fr.**

Devis et évaluations des travaux publics et des constructions civiles, par A. Bonnal, ingénieur civil, et E. Dardart, conducteur principal des Ponts et Chaussées. In-16 12 × 18 de 714 p., avec 37 fig. Rel. souple................... **15 fr.**

Terrassements. Maçonneries. Charpentes. Couverture, plomberie, zingage, canalisation. Menuiserie. Serrurerie. Quincaillerie. Peinture, goudronnage, vitrerie, miroiterie, dorure, tenture. Fumisterie, marbrerie, stuc. Empierrements, pavage, granit, asphalte et bitume. Locomobile et matériel roulant. Voie. Chauffage, éclairage, graissage, vidange, désinfection. Divers. Transport des matériaux de construction. Conditions d'exécution des travaux publics. Métrés des ouvrages et exemples d'établissement de prix de revient.

Maçonneries, par Eugène Simonet, conducteur des Ponts et Chaussées, attaché au service municipal de la Ville de Paris. In-8° 12 × 18 de 442 pages, avec 102 figures. Reliure souple........... **10 fr.**

PIERRES NATURELLES : Définition et généralités. Granits et porphyres. Roches volcaniques. Schistes. Grès. Silex. Meulières. Pierres calcaires. Marbres. Résistance des pierres. Travail des pierres : *Sciage, taille, machines à travailler la pierre.*

PIERRES ARTIFICIELLES : Argiles. Marne. Briques : *ordinaires, réfractaires, légères, creuses, vernissées.* Tuiles. Poterie. CHAUX. CIMENTS. MORTIERS. Pierres calcaires. Chaux. Chaux hydrauliques artificielles. Ciments. Pouzzolanes. Laitiers. Analyse chimique : *Pierres, chaux, ciments.* Mortiers : *Description, résistance.* Plâtre.

MAÇONNERIES : Maçonnerie : *de pierre, moellons, meulière, brique.* Construction en fer et ciment. Ciment armé. Bitume et asphaltes.

APPENDICE : Devis et cahier des charges. Tableaux des principaux granits, porphyres, pierres volcaniques, grès et pierres calcaires de France. Leurs gisements.

Tracé et terrassements, par P. Frick, ingénieur des constructions civiles, et J.-L. Canaud, conducteur des Ponts et Chaussées, chef de section. In-16 12 × 18 de 669 pages, avec 346 figures. Reliure souple.................... **15 fr.**

Tracé : Considérations générales. Étude et détermination d'un tracé. Comparaison des tracés. Détermination définitive du plan et du profil en long. Cubature des terrasses. Calculs des profils en travers. Mouvement des terres. *Exécution des terrassements :* Mode d'exécution des déblais et remblais. Transports. Organisation d'un chantier de terrassements. Assainissements. Drainages. Réparations. *Annexes et appendices :* Note sur la pratique des opérations sur le terrain. Notes sur les méthodes nord-américaines de terrassements. Notes sur les courbes de raccordements. Notes sur les raccordements paraboliques. Formules relatives aux principaux cas de raccordements. Note sur la présentation des projets.

BIBLIOTHEQUE NATIONALE DE FRANCE
3 7502 01854759 8